PRIMERO
GANAS
EN EL
VESTUARIO

JON GORDON   MIKE SMITH

Autor del bestseller *El autobús de la energía*   Exentrenador en jefe de los Atlanta Falcons

PRIMERO
GANAS
EN EL
VESTUARIO

Las 7 'C' para construir
un equipo ganador en los negocios,
los deportes y la vida

WILEY

Publicado por John Wiley & Sons, Inc., Hoboken, Nueva Jersey.
Publicado simultáneamente en Canadá.

Publicado originalmente como *You Win in the Locker Room First: The 7 C's to Build a Winning Team in Business, Sports, and Life.* Copyright 2015 by Jon Gordon and Mike Smith.

El representante autorizado del fabricante según el Reglamento General de Seguridad de Productos de la UE es Wiley-VCH GmbH, Boschstr. 12, 69469 Weinheim, Alemania, correo electrónico: Product_Safety@wiley.com.

Marcas registradas: Wiley y el logotipo de Wiley son marcas comerciales o marcas registradas de John Wiley & Sons, Inc. o sus afiliados en los Estados Unidos y otros países y no pueden ser utilizadas sin permiso previo y por escrito. Todas las otras marcas registradas son propiedad de sus respectivos dueños. John Wiley & Sons, Inc. no está asociado con ningún producto o proveedor mencionado en este libro.

Límite de responsabilidad/renuncia de garantías: aunque el editor y el autor han hecho todo lo posible para asegurar la precisión e integridad en la preparación de este libro, no formulan ninguna declaración ni garantizan la exactitud o integridad de su contenido. Específicamente renuncian a todas las garantías implícitas de comerciabilidad o idoneidad para un propósito determinado. Ninguna garantía puede ser creada o extendida por los representantes de ventas o materiales de ventas escritos. Los consejos y las estrategias contenidas aquí pueden no ser adecuadas para su situación. Consulte con un profesional de ser necesario. Los sitios web listados pueden haber cambiado o desaparecido desde que se escribió el libro. Ni el editor ni el autor serán responsables de ninguna pérdida de beneficios ni de otros daños comerciales, incluidos daños especiales, incidentales, consecuentes u otros daños.

Para obtener información general sobre nuestros productos y servicios o para obtener soporte técnico, por favor comuníquese con nuestro Departamento de Atención al Cliente dentro de los Estados Unidos al (800) 762-2974, fuera de los Estados Unidos al (317) 572-3993 o fax (317) 572-4002.

Wiley también publica sus libros en diferentes formatos electrónicos. Parte del contenido que encontrará en la versión impresa puede no estar disponible en formatos electrónicos. Para obtener más información sobre los productos de Wiley, visita www.wiley.com.

Datos de catalogación de publicación de la Biblioteca del Congreso:

ISBN: 9781394348039 (pbk)
ISBN: 9781394354658 (epub)
ISBN: 9781394354665 (ePDF)

Diseño de portada: Wiley
Imagen de portada: Photo and Co/Getty Images

SKY10099643_030825

Contenidos

Contenidos

Contenidos

Introducción

Por Mike Smith

He sido entrenador durante 32 años, la mitad de ese tiempo estuve en la NFL. Durante mi tiempo con los Baltimore Ravens, ganamos el *Super Bowl*. Como entrenador en jefe de los Atlanta Falcons, estuvimos a una jugada del *Super Bowl* y tuvimos la segunda mayor cantidad de victorias en la NFL durante cinco años, solo detrás de Bill Belichick y los Patriots. Sin embargo, también me despidieron, porque después de mis dos últimas temporadas con los Falcons solo tuvimos 10 victorias combinadas. Al reflexionar sobre mi carrera, entiendo las diferencias entre nuestras temporadas exitosas y las desafiantes. Este libro, coescrito con Jon, tiene como objetivo ayudarte a construir un equipo ganador y evitar errores comunes de liderazgo.

Jon y yo enfatizamos que el éxito se trata de enfocarse en el proceso, no solo en el resultado. Ganar comienza con la cultura , liderazgo, expectativas, creencias, mentalidad, relaciones y hábitos adecuados antes de que el juego siquiera comience. Primero se gana en el vestuario, luego en el campo.

Conocí a Jon hace más de 10 años cuando era el coordinador de la defensiva de los Jacksonville Jaguars. Nuestro entrenador atlético principal, Mike Ryan, nos presentó, y nuestro equipo leyó el libro de Jon, *El autobús de la energía*. Jon habló con nuestro equipo durante el campamento de entrenamiento, lo que llevó a una temporada exitosa en la que llegamos a las eliminatorias y derrotamos a los Steelers en Pittsburgh en la primera ronda.

Cuando me convertí en el entrenador en jefe de los Atlanta Falcons al año siguiente, presenté *El autobús de la energía* a nuestro equipo. Les dije a todos que lo leyeran y Jon habló con el equipo. Implementamos muchos de sus principios, transformamos nuestro récord de 4-12 a 11-5 y llegamos a las eliminatorias. Durante ocho campamentos de entrenamiento, Jon y yo analizamos el uso de las siete «C» para construir un gran equipo y ganar primero en el vestuario. Cada uno de nosotros tiene nuestras «C» favoritas y hemos visto su impacto de primera mano.

Desde entonces, Jon ayudó a numerosos equipos en la NFL, MLB, NBA y NCAA a adquirir un amplio conocimiento y mejores prácticas. Después de mi último año con los Falcons y ver cómo cambió nuestra cultura en las últimas dos temporadas en comparación con las primeras cinco, nos dimos cuenta de para ganar en el vestuario debes empezar con la cultura. En este libro, Jon y yo compartimos nuestras ideas sobre cómo construir equipos ganadores, con la esperanza de ayudarte a desarrollar y hacer crecer tu equipo.

Capítulo 1

Cultura

*La cultura moldea las expectativas y creencias,
que a su vez influyen en el comportamiento.
El comportamiento forma hábitos, y los hábitos
determinan el futuro. Todo comienza con la cultura.*

Crea una cultura ganadora

Mike Smith

 En enero de 2008, me contrataron como el entrenador principal de los Atlanta Falcons. Por lo general, los nuevos entrenadores heredan situaciones inestables. Es raro reemplazar a un entrenador exitoso, como Bill Walsh después del *Super Bowl XXXIII* o Bill Cowher después del *Super Bowl XL*. Cuando me uní a los Falcons, el equipo había atravesado muchas dificultades y siempre tenía problemas para mantener un rendimiento constante a lo largo de su historia. En sus 42 años, los Falcons nunca habían logrado temporadas de victorias consecutivas. De 2000 a 2007, el equipo tuvo cinco entrenadores diferentes. La temporada de 2007 fue más desafiante de lo habitual, ya que el entrenador principal renunció después de 12 juegos y el mariscal de campo de la franquicia fue a prisión federal. Estos eventos, aunque no fueron culpa de los dueños y ejecutivos de los Falcons, crearon un ambiente disfuncional. De más está decir que la cultura del equipo era un caos.

Jon y yo analizamos el estado de la organización varias veces. Estaba claro que para transformar al equipo, el primer paso era transformar su cultura. Aunque estaba ansioso por abordar cuestiones tácticas y trabajar con el gerente general de primer año, Thomas Dimitroff, para ajustar la plantilla, el enfoque principal tenía que estar en crear una cultura ganadora en la que cada miembro pudiera mejorar y sobresalir. No solo crear una cultura para el equipo sino también para la organización.

Construye tu cultura de arriba abajo

Mike Smith

Creo que la cultura se forma de arriba abajo, pero cobra vida de abajo hacia arriba. Para construir nuestra cultura, colaboré con el grupo de liderazgo (dueño, gerente general y ejecutivos), el equipo de entrenadores y el equipo de fútbol. Fortalecer la cultura entre los líderes implicaba reiterar las creencias, valores y expectativas compartidas que discutimos durante mi entrevista para el puesto de entrenador principal. Las conversaciones frecuentes en conjunto eran esenciales para comprender los cambios que estábamos haciendo.

A nivel del equipo, evaluamos a los jugadores según su carácter y actitud, no solo en sus habilidades futbolísticas. Para realizar los cambios en la plantilla no solo nos basamos en las habilidades de los jugadores en el campo, también consideramos las cualidades que cada jugador aportaba en el vestuario. Nuestro objetivo era tener jugadores que representaran positivamente a la organización tanto dentro como fuera del campo para asegurarnos de que fueran buenos compañeros de equipo y ciudadanos.

Nos aseguramos de que el dueño, Arthur Blank, comprendiera las razones detrás de los ajustes en la plantilla y cómo eran importantes para la cultura que queríamos lograr. Estos cambios, junto con nuestra filosofía y valores de entrenamiento, tenían como objetivo mejorar nuestra plantilla tanto dentro como fuera del campo. Evitamos agregar personas que no aportaran a nuestra organización, sin importar cuánto talento tuvieran. Con el apoyo del dueño y la gerencia, Thomas y yo nos propusimos construir una nueva cultura de equipo desde cero.

Durante el primer receso, con Thomas trabajamos codo a codo en múltiples reuniones diarias. Hicimos un esfuerzo consciente para reunirnos al inicio y al final de cada día para analizar todos los aspectos de las operaciones de fútbol. Las reuniones sobre el personal siempre se trataban sobre lo que un jugador podía aportar al vestuario y a la cultura del equipo. Entendíamos que construir un equipo implicaba más que solo incorporar a los mejores atletas. También discutimos el personal de apoyo y la interacción entre las operaciones de fútbol y el resto de la organización.

Construir una cultura de equipo no era suficiente; para un éxito sostenido, necesitábamos una cultura organizacional ganadora. Si trabajamos estrechamente con el grupo de liderazgo para definir y establecer la cultura, apuntamos a lograr esto. La aceptación del dueño y los líderes debía ser tan profunda como la de los jugadores. Para crear un equipo exitoso en el campo, necesitábamos que todos en la organización se comprometieran.

Todos crean tu cultura

Mike Smith

La cultura está compuesta por el propósito compartido, las actitudes, valores, metas, prácticas, comportamientos y hábitos que definen a un equipo u organización. Muchos entrenadores se enfocan solo en la cultura de los jugadores, pero todos en una organización la moldean. El éxito requiere que todos piensen, crean, hablen, se comporten en sincronía y se alineen con las mismas creencias, expectativas, comportamientos y hábitos. Thomas y yo rápidamente nos dimos cuenta de que necesitábamos reemplazar viejas creencias y comportamientos con nuevos pensamientos y acciones que todos pudieran seguir.

Por esta razón, en mi primer año, le di al equipo y a todos en la organización el libro de Jon Gordon *El autobús de la energía*. Esto incluía al equipo ejecutivo, operaciones, ventas y marketing, gerentes de equipo, personal de mantenimiento, cocineros y cualquier otra persona en el edificio. Llegar a todos en la organización de los Atlanta Falcons fue un desafío, pero prioricé conectarme con todos, y compartir el libro de Jon fue parte de este proceso.

Además de distribuir *El autobús de la energía*, pasé mis primeros meses como entrenador principal reuniéndome con tantas personas como fuera posible para presentarme y analizar sus trabajos en específico. Era crucial que entendieran su importancia para la organización y que iban a desempeñar un papel fundamental en el éxito de nuestro equipo en el futuro. Mi objetivo era una cultura unificada en toda la organización, no solo en el vestuario.

Quería construir *un equipo*, con *una cultura*. Creía que el personal de apoyo y los departamentos fuera del campo, que interactuaban con nuestros jugadores, también debían compartir una actitud positiva. Su orgullo y perspectiva mejorarían nuestras posibilidades de ser grandes dentro y fuera del campo. Mientras que los jugadores eran esenciales para construir un equipo ganador, también era importante que todos fuera del vestuario disfrutaran ser parte del proceso. Les comuniqué que mi función era ayudarlos en sus trabajos, y todos juntos construiríamos un equipo ganador. Durante años, respaldé mis palabras con acciones, lo que creo que impactó en gran medida en nuestra cultura y éxito general. Como líder, es crucial que tus acciones coincidan con tus palabras. Realizar una autoevaluación prácticamente a diario asegura que tus acciones se alineen con tus palabras y refuerces la confianza y la integridad. Debes hacer lo que dices, y decir lo que haces.

Las estrategias y tácticas están sobrevaloradas

Mike Smith

El atletismo profesional es una de las industrias más competitivas del mundo. La NFL promueve la paridad a través de mecanismos como un tope salarial estricto, la agencia libre y el sistema *draft*. Durante mis siete años en Atlanta, el 22 % de todos los partidos de la NFL se decidieron por tres puntos o menos, y el 45 % por siete puntos o menos. Este margen estrecho de error contribuye a la popularidad del juego y a la verdad detrás de la frase «en cualquier domingo todo puede suceder».

Los equipos invierten millones todos los años para ganar una ventaja y ser mejores que los demás equipos de la liga se enfocan en el rendimiento atlético, datos y esquemas innovadores. Todas esas acciones son valiosas y se debe hacer todo lo posible para mejorar tu organización. Cuando tienes que trabajar con los mejores atletas y entrenadores del mundo, existe una delgada línea entre ganar y perder. Tienes que estar preparado tanto física como mentalmente para competir cada semana. Debes contar con un gran plan de juego, los entrenadores deben elegir las jugadas correctas y los jugadores deben realizar las jugadas de forma eficaz. La ejecución de las jugadas es fundamental. Sin embargo, el aspecto más ignorado en los equipos deportivos, y que la mayoría de los entrenadores y líderes no logran comprender, es que tu cultura determinará si tu estrategia funciona y se puede mantener en el tiempo. Es la cultura que creas la que determinará si tus jugadores tienen un buen desempeño y ejecutan las jugadas correctamente.

Cada semana se presentan desafíos fuera de tu control, como lesiones y eventos impredecibles. Las estrategias y los planes de juego pueden cambiar, pero una cultura resiliente fomenta la resistencia, la pasión y la actitud necesarias para superar los obstáculos. Estrategias como *wildcat* o *spread option* pueden ir y venir. Algunas jugadas funcionan durante un tiempo hasta que los equipos rivales logran descifrarlas. Las tácticas y estrategias son importantes, pero una cultura sólida es la base sobre la que debe construirse tu organización. Y si lo haces de la manera correcta, tendrás éxito continuo. Nuestro éxito durante cinco años en Atlanta se construyó sobre este principio, y más adelante discutiré las lecciones que aprendimos estos últimos dos años.

Cultura sostenida equivale a éxito sostenido

Jon Gordon

Estoy completamente de acuerdo con Mike sobre la importancia de la cultura. Tuvimos numerosas charlas al respecto, y fue emocionante verlo implementar sus creencias y planes. Como alguien profundamente interesado en el concepto de cultura, aprecié observar estos principios en acción. La teoría difiere de la práctica, y el enfoque de Mike ejemplifica por qué las organizaciones con culturas fuertes logran un éxito duradero. La cultura moldea las expectativas y creencias, que a su vez influyen en los comportamientos. Estos comportamientos forman hábitos, que finalmente moldean el futuro. Las organizaciones más exitosas en negocios, deportes, salud y educación todas tienen culturas excelentes. La importancia de las estrategias y tácticas (las X y O) a menudo se sobreestima. Hace años, hablé en una clínica de fútbol sobre la cultura con solo cinco asistentes, mientras que una sesión sobre estrategias tuvo 500. Esto destacó un malentendido común: las estrategias por sí solas no sostienen el éxito, la cultura sí. Priorizar el desarrollo de la cultura es esencial para el éxito a largo plazo.

Ten en claro qué representas

Jon Gordon

Para construir o transformar una cultura, debes preguntarte: «¿Qué representamos?» y «¿Por qué queremos ser conocidos?». Por ejemplo, en mi libro *El casco*, entrevisté al entrenador Jeff Tambroni, quien convirtió al equipo de *lacrosse* de Cornell en una potencia nacional. Cuando le consulté cómo lo hizo me respondió: «Conocemos a nuestra gente y sabemos quién encaja en nuestra cultura». La cultura de Jeff enfatizaba una ética de trabajo arduo, altruismo, trabajo en equipo, esfuerzo incansable y mejora continua. Conocer su cultura permitió que Jeff y su equipo seleccionen a las personas adecuadas. Cuando sabes qué representas, puedes encontrar personas que se alineen con esos valores. Brad Stevens, entrenador principal de los Boston Celtics, me dijo que la cultura no es solo tradición; la mantienen las personas en el vestuario. Cuando las personas encajan en tu cultura, todo cobra vida.

En el mundo empresarial también es importante saber qué representas. Cuando Steve Jobs y Steve Wozniak fundaron Apple, su objetivo era desafiar el *statu quo*. Su cultura influenció todo: contrataciones, productos y campañas. Este enfoque aún impulsa a Apple hoy en día. Apple es conocida por decir que la cultura supera a la estrategia. Lo que representas impulsa todo lo demás.

Tuve la oportunidad de hablar con Southwest Airlines hace unos años. Los consultores sugirieron que cobraran por el equipaje facturado, lo que generaría millones de dólares en ingresos adicionales. Southwest lo consideró pero primero se preguntó: «¿Esto es lo que representamos?». Su afirmación de propósito es: «Conectar a las personas con lo que es importante en sus vidas a través de un viaje aéreo amigable, confiable y de bajo costo». Decidieron no cobrar tarifas por el equipaje, lo que se alinea con su compromiso de viajes económicos. Realizaron campañas publicitarias en las que destacaban que las maletas volaban gratis ganaron participación de mercado en el proceso y sus ingresos aumentaron.

Este ejemplo muestra que saber qué representas simplifica la toma de decisiones. Cuando tu cultura guía tus decisiones, lograrás un éxito sostenido.

Procesos y metas

Mike Smith

Conocer lo que representas es esencial. Cuando me convertí en el entrenador de los Atlanta Falcons, sabía qué tipo de cultura necesitábamos crear. Las siete responsabilidades que todos tenían eran:

- Divertirse, trabajar duro y disfrutar del viaje.
- Mostrar respeto por todos en la organización.
- Poner al equipo primero. Los equipos exitosos tienen compañeros desinteresados dispuestos a priorizar los objetivos del equipo.
- Hacer tu trabajo. Estar preparado para los cambios, especialmente si eres un jugador.
- Manejar la victoria, la derrota, el elogio y la humillación de manera adecuada. Mantener una actitud constante.
- Entender que todas las decisiones organizativas tienen como objetivo mejorar el equipo.
- Mantener una actitud y un lenguaje positivos.

Cada año, enfatizaba que cumplir con estas expectativas nos ayudaría a establecer una cultura próspera en la NFL. Nos enfocábamos en prepararnos para cada práctica y juego, no en el resultado de la temporada.

La NFL está orientada a los resultados, y se juzga a los equipos por sus victorias y derrotas. Si no ganas lo suficiente, te despiden. Solía bromear con nuestro gerente general, Thomas, que me contrató para despedirme. Nuestro objetivo era desafiar las probabilidades y dejar que me fuera en mis propios términos. Durante mis primeros cinco años, íbamos por buen camino. Para 2014, solo seis entrenadores tenían más tiempo con el mismo equipo que mis seis temporadas en Atlanta. Durante mis siete años, hubo 66 cambios de entrenadores principales en la liga. En 1988, el exentrenador de los Falcons, Jerry Glanville, dijo que, en el caso de los entrenadores, la NFL significa *Not For Long* (no por mucho tiempo).

Quería ganar y entrenar el mayor tiempo posible, pero sabía que la clave era enfocarse en la preparación y las metas, no en los resultados. Cada equipo tiene los mismos objetivos; el éxito depende del compromiso con el proceso, un juego a la vez.

En nuestra primera reunión de receso, nos enfocamos en construir el equipo. Detallamos la secuencia de la temporada de la NFL y describimos cada práctica hasta la primera semana. El cuerpo técnico planificó cada minuto en las reuniones y en el campo de práctica. Era importante que los jugadores vieran que toda la pretemporada tenía que ser planificada y que todos supieran lo que estaríamos haciendo cada día. Los jugadores sabían el número exacto de jugadas y el tiempo invertido en diferentes situaciones de juego. No había sorpresas sobre lo que hacíamos en las reuniones o en el campo. Nuestro objetivo era dominar las habilidades para ser el mejor equipo en 2008, sin preocuparnos por nuestro récord general.

Antes del inicio de la temporada, revisé nuestro progreso durante el receso. Hicimos grandes avances preparándonos para el desgaste de la temporada de la NFL. Le dije al equipo que no tendríamos objetivos tradicionales, sino que nos enfocaríamos en *metas*. Luego de cumplir una, le diría la siguiente. También le expliqué la importancia de las primeras impresiones. Solo tienes una oportunidad de causar una primera impresión, y ese momento, ya sea bueno o malo, generalmente establece el tono para la temporada. Definitivamente aprovechamos la oportunidad de dejar una excelente primera impresión. La primera meta fue ganar un juego, lo cual logramos con un pase de *touchdown* de 62 yardas de Matt Ryan a Michael Jenkins en el primer juego. La siguiente meta fue comenzar una racha ganadora como visitante. A pesar de la energía positiva, perdimos el siguiente juego, lo que cambió nuestra meta a evitar derrotas consecutivas. Expliqué que evitar derrotas consecutivas y lograr al menos una racha de dos victorias nos posicionaría bien para noviembre. Pusimos la meta de vencer a los oponentes de la división, el camino directo a las eliminatorias o la «segunda temporada». Después de cada juego, presentaba una nueva meta. Cuantas más metas alcanzábamos, mejor era nuestra posición al final de la temporada. En 2008, nos enfocamos en el viaje, no en el destino, y aseguramos un lugar en las eliminatorias en nuestra primera temporada.

Enfócate en la raíz, no en el fruto

Mike Smith

En nuestros primeros cinco años, las metas y procesos eran centrales para nuestra cultura y filosofía, lo que nos llevó a un éxito sin precedentes. Sin embargo, el éxito puede ser perjudicial si cambia tu enfoque. Jon a menudo me recordaba que enfocarse en el fruto mientras se descuida la raíz matará al árbol. Por el contrario, cuidar la raíz, que es tu cultura, proceso, gente y propósito, asegura un suministro constante de fruto. Durante esos primeros cinco años, priorizamos la raíz y disfrutamos de mucho éxito. Nuestra cultura era fuerte y ganábamos con frecuencia.

Sin embargo, no llegamos al *Super Bowl*. En el juego del Campeonato de la NFC de 2012, estábamos a 10 yardas de la victoria. Con poco más de un minuto restante, Matt Ryan cayó al suelo en un pase incompleto y se lesionó el hombro, pero como ya lo había hecho tantas veces en sus primeros cinco años, mostró resiliencia y continuó jugando. Nadie se dio cuenta de lo grave que era su lesión, y en el cuarto intento, su pase a Roddy White fue incompleto, lo que terminó con nuestras esperanzas de llegar al *Super Bowl*.

Después de eso, nuestro enfoque cambió. Nos obsesionamos con llegar al *Super Bowl*, lo que afectó nuestro enfoque para la próxima temporada. En lugar de enfocarnos en el proceso, nos fijamos en el resultado. Dejamos de establecer metas y solo apuntamos a volver a jugar las eliminatorias. Los medios, los fanáticos y nuestra organización verían como un fracaso si no llegábamos al *Super Bowl*. La presión era inmensa, lo que afectaba a todos, desde los propietarios hasta los jugadores y a mí. Al recordar lo sucedido, me doy cuenta de que permití que esta presión nos desviara de lo que nos hacía exitosos. No mantuve nuestra cultura y no aseguré que los nuevos miembros del equipo la entendieran. Aprendimos que la cultura puede cambiar tan rápido como el impulso en un juego. En consecuencia, nuestras últimas dos temporadas reflejaron este cambio. Descuidar la raíz hizo que nuestro éxito se marchitara.

Tienes que luchar por tu cultura y equipo

Mike Smith

La segunda mitad de la temporada 2014 resaltó el declive en la cultura de nuestra organización. A pesar de competir por un puesto en las eliminatorias con un récord perdedor, estaba claro que nuestra cultura no era saludable. Una organización debería minimizar las distracciones para sus jugadores y entrenadores y así asegurar un rendimiento óptimo. Por desgracia, nuestra propia organización se convirtió en una fuente de distracción durante este período crítico.

Los problemas comenzaron antes de un partido de lunes por la noche en Green Bay. En un artículo en el *New York Post*, en el que se citaba a una fuente anónima dentro de nuestra organización, se afirmó que el entrenador de los Jets sería la elección de nuestro dueño si hacíamos un cambio. Perder el juego solo alimentó la especulación sobre la veracidad de ese artículo. En mis seis años y medio con los Falcons, nunca habíamos enfrentado un informe así, lo que hizo que este incidente fuera particularmente preocupante.

Antes de nuestro juego de la Semana 16 contra los New Orleans Saints, surgió otro informe en donde según otra fuente anónima me iban a despedir si perdíamos. Esta noticia apareció en las pantallas de televisión durante la comida previa al juego, lo que añadió estrés innecesario. A pesar de esto, jugamos uno de nuestros mejores partidos y ganamos, lo que resultó en un partido decisivo contra los Carolina

Panthers. Estaba feliz porque habíamos ganado, sin embargo, me parecía extraño que nuevamente una fuente anónima comente sobre mi futuro como entrenador.

La mañana del partido crucial contra Carolina, surgió otro informe durante la comida previa al juego que afirmaba que los Falcons habían contratado una firma para la búsqueda de un nuevo entrenador en jefe. No podía creerlo. Teníamos una oportunidad de llegar a las eliminatorias y alguien dentro de la organización filtraba esta noticia a la prensa. Esta distracción probablemente contribuyó a nuestro pobre desempeño ese día.

En mis primeras seis temporadas, demostré mi compromiso con el equipo. Ya fuera diciéndole a un jugador del equipo contrario que deje de hablar en una discusión y que se apartara de nuestra línea, o al separar una pelea y obtener una multa por tener contacto físico con un jugador del equipo contrario, mi equipo sabía que yo estaba dispuesto a luchar por ellos, tanto mental como físicamente. Sin embargo, cuando comenzaron estas filtraciones, no defendí al equipo y nuestra cultura como debí haberlo hecho. Esperaba que ganar resolvería los problemas, pero debí haberlos abordado de frente. Me preguntaban quién filtraba la información, pero realmente no me importaba. Ese no era el caso. Lo más importante fue que nunca abordé esos tres incidentes en específico, ni de manera interna ni externa. Cada informe fue una gran distracción, que obstaculizó nuestra preparación y enfoque. Debí haber convocado una reunión urgente con nuestro equipo de liderazgo para abordar las filtraciones y ponerle un fin. En cambio, permití que la situación persistiera, sin proteger la cultura que ayudé a crear. Esto fue un gran error, uno que lamento profundamente.

Esta experiencia me enseñó una valiosa lección, que hoy en día puedo compartir contigo. Te animo a construir, valorar, vivir, reforzar y luchar por tu cultura. Asegúrate de que los nuevos miembros del equipo entiendan por qué luchas. Concéntrate en el proceso, no en los resultados negativos del pasado, y no permitas que fuerzas internas o externas saboteen tu cultura. Mis primeros cinco años con los Falcons mostraron el éxito que proviene de mantenerse fiel a tu cultura, mientras que los últimos dos años demostraron las consecuencias de descuidarla.

Ahora que sabes qué salió mal, hablemos de lo que hicimos bien en los primeros cinco años y cómo construimos nuestra cultura y equipo con energía *contagiosa*. Si sigues estos principios y te mantienes fiel a tu cultura, estoy seguro de que lograrás un éxito sostenido.

Capítulo 2

Contagiar

El liderazgo implica transmitir propósito, pasión, optimismo y creencia.

¿Germen o vitamina C?

Jon Gordon

 El Instituto HeartMath (heartmath.org) llevó a cabo investigaciones que demuestran que los sentimientos en tu corazón afectan cada célula de tu cuerpo, y otras personas pueden percibirlos hasta a 3 metros de distancia. Esto significa que todos los días transmites tus emociones a tu equipo, ya sean positivas o negativas, apasionadas o apáticas, con propósito o indiferentes. Las investigaciones de la Universidad de Harvard también respaldan que las emociones son contagiosas y afectan a quienes te rodean. Tu equipo puede contagiarse de tu mal humor o buen humor tan fácilmente como de un virus.

Este principio se aplica a todos, no solo a los líderes. Cada miembro del equipo puede contagiar y compartir energía positiva o negativa todos los días. Las grandes culturas prosperan con energía positiva contagiosa, por lo que es crucial que tú y tu equipo la compartan. Cuando entres al vestuario, la oficina o el campo de juego, decide si serás un germen o una gran dosis de vitamina C para tu equipo. ¿Les transmitirás energía positiva o les drenarás la energía?

Los grandes líderes y equipos contagian la energía positiva a través de una visión y propósito compartidos, pensamientos positivos y emociones que los llenan de energía. Entienden que sus actitudes impactan a todos los que los rodean.

Contagia con una visión y una misión

Jon Gordon

Los líderes pueden inspirar a sus equipos al contagiar una visión y una misión positivas. Todo equipo necesita estos elementos para unirse y guiarse en la dirección correcta. Tu visión y misión deben ser simples, directas, audaces y emocionantes, no solo una colección de palabras de moda sin significado, sino algo concreto y estimulante que actúe como un llamado a la acción y punto de concentración para tu equipo.

Por ejemplo, antes de que «Construyamos un planeta más inteligente» se convirtiera en el lema de IBM, era una visión interna que motivaba a los empleados a vender, crear y diseñar proyectos de datos útiles para los clientes.

Cuando hablé con Doug Conant, antiguo CEO de Campbell Soup Company, enfatizó la importancia de compartir en todo momento la visión y misión para mantener a todos con el mismo objetivo. Me dijo que lo hacía en todas las reuniones y siempre que pudiera, para que todos se muevan en la dirección correcta. La visión de Campbell era: «Juntos construiremos la empresa de alimentos más extraordinaria del mundo al nutrir la vida de las personas en todas partes, todos los días». De manera similar, General Motors revitalizó su empresa con la misión: «Diseñar, construir y vender los mejores vehículos del mundo». Todos los miembros de

USAA se enfocan en su misión y visión de que son una organización creada para «proporcionar seguridad financiera a sus miembros y sus familias, con el objetivo de ofrecer una amplia gama de productos y servicios financieros altamente competitivos. Al hacerlo esperamos ser el proveedor preferido para la comunidad militar».

En los equipos deportivos, aconsejo a los líderes que elaboren declaraciones de misión que vayan más allá de solo ganar campeonatos. Después de todo, cada equipo de fútbol tiene como objetivo ganar el Super Bowl al inicio de una temporada de la NFL, pero simplemente mencionar ese objetivo no te ayudará a alcanzarlo. El éxito proviene de un compromiso de tu equipo con una visión y un propósito que incluyan la grandeza que deseas alcanzar, con un enfoque en donde se resaltan los rasgos de carácter y el propósito que impulsan al equipo.

Algunos equipos buscan ser los más fuertes y trabajadores de la liga, mientras que otros juegan por su comunidad, familias o para honrar un legado. Por ejemplo, en el libro «El casco» comparto que el equipo de *lacrosse* de Cornell jugaba para honrar a un compañero que murió en un partido del deporte que tanto amaba.

Se ha comprobado que las personas tienen más energía cuando contribuyen a una causa más grande que ellas mismas. Como líder, inspira a tu equipo a mirar más allá de sus objetivos personales y contribuir a un propósito mayor. Una visión y misión fuertes unirán y darán energía a tu equipo. No puedo decirte cuál debería ser tu misión o tu visión, pero puedo decirte que son esenciales para unir y motivar a tu equipo. Puedes desarrollar estos elementos con tu grupo de liderazgo y compartirlos con tu equipo. Si es posible, créalos junto con los miembros de tu equipo.

Contagia tu creencia

Jon Gordon

Ganar no comienza en el vestuario, sino en la mente antes de que suceda en el campo o en la cancha. La diferencia clave entre el éxito y el fracaso a menudo reside en la creencia. ¿Cree el equipo que puede ganar? ¿Su preparación, práctica y enfoque generan confianza? ¿Permanecen positivos y optimistas ante los desafíos? Pete Carroll enfatizó: «El mundo entrena a las personas para ser pesimistas… una de las cosas más importantes que debo hacer aquí es asegurarme de que mis jugadores y el personal crean que mañana será mejor que hoy». El liderazgo implica transferir creencias, y es crucial compartir creencias positivas con tu equipo desde el principio. Establece el tono y cultiva el sistema de creencias correcto al comienzo de la temporada para ser fuerte cuando surjan desafíos. Estoy convencido de que lo más importante que un líder puede hacer es ser positivo y optimista. La investigación respalda que el optimismo es una ventaja competitiva. Manju Puri y David Robinson de la Universidad de Duke descubrieron que las personas optimistas trabajan más duro, ganan más, ganan en deportes con más frecuencia, son elegidas para cargos públicos más frecuentemente y viven más tiempo. Resulta que ser positivo no es solo un enfoque para sentirse bien, sino es *la* manera de lograr mejor salud, relaciones más significativas y mayor éxito individual y en equipo.

He sido testigo del poder de la creencia con el equipo de fútbol americano Clemson y Dabo Swinney. Cuando le preguntaron cómo Clemson logró al menos 10 victorias cada temporada durante los últimos cuatro años, Dabo respondió: «La gente a menudo dice que soy una persona ambiciosa, pero no lo soy. Soy una persona muy creyente». La confianza que Dabo tiene en su equipo los inspira a creer en sí mismos. Cada reunión es una oportunidad para decirle a su equipo lo que pueden lograr si realmente creen. En cada práctica, eleva sus expectativas y los inspira a cumplirlas. Al igual que el fundador de Apple, Steve Jobs, los inspira a creer que pueden hacer más, crear más y convertirse en alguien mejor de lo que pensaban posible. Steve Jobs era conocido por su «campo de distorsión de la realidad». En la biografía de Walter Isaacson, *Steve Jobs*, describe cómo Steve podía convencer al equipo de Apple para cumplir con plazos aparentemente imposibles. Una y otra vez, tuvieron éxito. El equipo de Steve contó que él modificó su realidad del pesimismo (o algunos dirían realismo) al optimismo. La creencia de Steve era contagiosa y, como resultado, Apple se convirtió en una de las mejores empresas del mundo. ¿Qué podría lograr tu equipo si los podrías contagiar con optimismo y creencia?

Contagia una actitud positiva

Mike Smith

La creencia es crucial; si no la tienes, no puedes compartirla. Como entrenador, sabía que debía inculcar creencias positivas en mi equipo, lo que significaba mantener una actitud positiva yo mismo. Poco después de que me contrataran en Atlanta, escribí mis expectativas, la primera fue: «Nunca un mal día, solo malos momentos». Este compromiso significaba que sin importar cuántos momentos malos o desafiantes ocurrieran, al final del día identificaría suficientes momentos buenos para considerarlo un buen día. Es más fácil superar los malos momentos cuando te enfocas en la oportunidad de impactar y liderar a otros. En lugar de quedarme en lo negativo, creaba momentos de gratitud y me enfocaba en lo positivo. Algunos días requerían más esfuerzo para encontrar lo bueno, pero siempre hacía mi mejor esfuerzo para compartir una actitud positiva con todos en el edificio.

Los entrenadores en jefe interactúan con varias personas, incluidos jugadores, otros entrenadores, el dueño, el presidente del equipo, el gerente general, entrenadores, médicos del equipo, personal de logística, personal de comunicaciones, medios, socios de radio y televisión, y personas de relaciones comunitarias. No todas las reuniones son positivas o dan resultados felices; muchas abordan problemas que necesitan una solución inmediata. Al no permitirme tener un mal día, podía manejar mejor estas situaciones y evitar que la organización reaccionara de manera exagerada a los desafíos diarios.

Abordar los desafíos diarios con una actitud positiva y servicial no solo levantaba mi ánimo, sino que también establecía el tono para toda la organización y ayudaba a todos a rendir al máximo. Recuerda, tu actitud se refleja en tu lenguaje corporal, expresiones faciales, comportamiento y tono de voz. Los líderes establecen el tono y la actitud para el equipo u organización. En cada momento, alguien te observa. Un enfoque positivo requiere práctica y una mentalidad diferente, pero el esfuerzo vale la pena.

Líderes contagiosos en el vestuario

Mike Smith

Una actitud positiva de un miembro del equipo puede tener un impacto significativo tanto dentro como fuera del campo. Recuerdo nuestro primer juego de práctica, donde el coordinador de la ofensiva Mike Mularkey y yo escuchamos al novato Matt Ryan dar su primera orden de jugada. Demostró la confianza de un mariscal de campo experimentado y le dijo a un receptor veterano que lanzaría la pelota alta y le instruyó que fuera a buscarla. La mayoría de los mariscales de campo de primer año carecen de tal confianza. Después del juego de práctica, le comenté a Mike: «Parece que tenemos un mariscal de campo».

La actitud positiva y el enfoque de Matt eran contagiosos. En todo momento buscaba mejorar, ya fuera durante la temporada o fuera de ella. Por ejemplo, un año estudió a los cinco mejores mariscales de campo de la NFL en porcentaje de pases completos y analizó cada lanzamiento que hicieron el año anterior para entender su éxito. La temporada siguiente, se ubicó entre los cinco mejores en porcentaje de pases completos. Durante un receso, se enfocó en ganar peso y fuerza, y fue el primer jugador en regresar al gimnasio semanas antes del inicio oficial. Esta dedicación inspiró al resto del equipo a comenzar sus entrenamientos temprano también.

El impulso y el enfoque positivo de Matt influyeron en todo el equipo y la organización. Nadie trabajó más duro que nuestro mariscal de campo titular. Debes tener en tu equipo líderes y mentores con esta actitud para maximizar las oportunidades de éxito. Si tienes la suerte de contar con algunos miembros del equipo que posean estas cualidades y son respaldados por el cuerpo técnico y la gerencia, verás como todo se refleja en la organización. Esto ayudará a establecer expectativas y a fomentar la iniciativa propia dentro de la organización.

Tony Gonzalez, un futuro miembro del Salón de la Fama, fue otro líder increíble. Existen diferentes maneras de ser un líder contagioso. Algunas personas son muy expresivas, mientras que otras son calladas y dejan que sus acciones hablen por ellas. Tony, uno de los mejores jugadores y posiblemente el mejor ala cerrada, tenía una rutina estricta. Llegaba al campo 15 minutos antes de la práctica para atrapar pases y usaba cada minuto libre para perfeccionar sus habilidades. Su dedicación rápidamente influyó en todo el equipo. Imitaban lo que Tony hacía con su tiempo libre durante los entrenamientos. Los receptores y los mariscales de campo habían establecido su propia rutina para practicar más en la recepción del balón y la ejecución de las corridas, y no era raro ver a los diferentes grupos de posiciones trabajando juntos en las habilidades específicas que necesitaban para ser mejores jugadores y compañeros de equipo. Tony era un líder que contagiaba a los demás y no tenía que hablar para liderar. El enfoque tranquilo y diligente de Tony hablaba por sí mismo e impactó a innumerables jugadores durante toda su carrera.

Ray Lewis, a quien entrené con los Baltimore Ravens, ejemplificaba el liderazgo contagioso. Su legado continúa influyendo en la defensa de los Ravens. El liderazgo vocal, emocional y apasionado de Ray ayudó a nuestra defensa a establecer el récord de la NFL por la menor cantidad de puntos permitidos en una temporada. Su ética de trabajo y responsabilidad eran incomparables. Lo más importante para Ray era la responsabilidad; era responsable por sus acciones y por las personas que lo rodeaban. Él se aseguraba que todos entenderían que dependíamos el uno del otro para tener éxito. Su amor por el juego y su preparación meticulosa inspiraron al equipo a estar física y mentalmente preparados para el día del juego, lo que mejoraba a todos.

Idealmente, cada grupo de posición en un equipo debería tener un líder o mentor contagioso. Piensa en cada grupo de posición como un departamento individual dentro de una organización. Los equipos exitosos a menudo tienen tal liderazgo y mentoría dentro de cada grupo.

Para tener éxito, necesitas líderes como Matt Ryan, Tony Gonzalez, Ray Lewis, Mike Peterson, Marcus Stroud, Rod Woodson, Brian Finneran y Trent Dilfer en tu vestuario. Tu cultura prosperará a través de estos líderes y las personas de tu vestuario. Asegúrate de tener los miembros del equipo adecuados, que fortalezcan tu cultura. Puedes hacer todo bien como líder y entrenador, pero si no tienes referentes y miembros de tu equipo positivos en el vestuario tu cultura y tu equipo se derrumbarán.

No se permiten vampiros de energía

Jon Gordon

Las historias de Mike destacan el impacto significativo que puede tener un líder positivo y describen con precisión el daño que puede causar un miembro negativo del equipo. Un entrenador negativo puede sabotear el rendimiento de todo el equipo. Puede darles el regalo de la creencia o la maldición de la duda. De manera similar, un compañero de equipo negativo puede desestabilizar a todo el grupo. Aunque una sola persona no puede construir un equipo, sí puede romperlo. Para construir un equipo positivamente contagioso, debes transmitir una visión, creencia y actitud positiva mientras eliminas la negatividad. Coloca un letrero que diga «No se permiten vampiros de energía» y deja claro que no se tolerará la negatividad. Mark Richt, entrenador de fútbol americano en la Universidad de Georgia, implementó este enfoque con gran éxito.

Hace cuatro años, Mark me contactó después de reunirse con Mike Smith. Me dijo que su equipo estaba leyendo *El autobús de la energía* y me invitó a hablar con ellos antes de la temporada. Lamentablemente, perdieron sus dos primeros partidos. Georgia no alcanzaba las expectativas en las temporadas anteriores y los medios decían que Mark estaba en la cuerda floja y perdería su trabajo si esta temporada no mejoraba. Le envíe un mensaje de texto después de la segunda derrota. Le dije: «Creo en este equipo. Creo que van a darle la vuelta a la situación». Mark me respondió: «Jon, los chicos siguen en el autobús. En el pasado, hemos permitido que los vampiros de energía arruinen este equipo, pero no este año. Este año no lo permitiremos». Mark hizo que un artista dibujara una gran imagen de un vampiro de energía en la pared de la sala de reuniones del equipo. Si un jugador o entrenador actuaba de manera negativa, colocaban su foto en la pared. Nadie quería estar en la pared. Esto sirvió como un fuerte mensaje para mantenerse positivo a pesar de los desafíos. El equipo ganó los siguientes 10 partidos consecutivos y llegó al campeonato de la SEC.

Compartí esta historia con el equipo de fútbol americano de la Universidad de Tennessee la temporada pasada. Después de mi charla, el entrenador Butch Jones llamó a 10 jugadores y les pidió que se quedaran. Le pregunté por qué y me dijo: «Son nuestros vampiros de energía».

—¿Vas a hablar con ellos ahora? —le pregunté.

—¿Por qué esperar? —me respondió. Después de la reunión me encontré con Butch y le pregunté sobre la reunión con esos jugadores, me dijo: «Fue poderosa. La mayoría admitió su comportamiento negativo y se comprometió a ser influencias positivas. Sin embargo, otros no lo entendieron y no van a cambiar, tuvimos que pedirles que se bajen del autobús».

Tennessee superó adversidades significativas esa temporada, llegó a su primer partido en el Super Bowl en años y demostró que un equipo que se mantiene positivo juntos, gana juntos. Nunca olvidaré las palabras de Butch «¿Por qué esperar?», enfatizan la importancia de crear una cultura positiva donde la negatividad no pueda prosperar. Cuanto antes comiences con este proceso tu equipo y tu cultura se fortalecerán más y contagiarán más energía positiva.

La regla de no quejarse

Mike Smith

Para eliminar la negatividad de tu equipo, debes abordar tanto la negatividad evidente, como los vampiros de energía, y la negatividad sutil, como las quejas. Mientras que los vampiros de energía son fáciles de identificar, las quejas a menudo pasan desapercibidas, pero pueden ser igual de dañinas si no se controlan. Inspirado por el libro de Jon, *La regla de no quejarse*, implementé un campamento de entrenamiento de no quejarse. El equipo leyó el libro durante el verano, y distribuí pulseras con la inscripción «No quejarse». La regla era simple: no quejarse a menos que sugirieran una solución. Nuestro objetivo era mantener una actitud positiva durante el largo y caluroso agosto en Atlanta y evitar quejas sobre problemas menores. Este enfoque fue tan efectivo que lo extendimos a una temporada de no quejarse mientras los jugadores usaban las pulseras todo el tiempo. Muchos todavía las usan hoy en día, y yo he llevado la mía por más de cinco años. Los jugadores incluso pidieron pulseras adicionales para sus familias. Varios departamentos, incluidos marketing y pasantes, también adoptaron la práctica, leyeron el libro y usaron las pulseras. Esta iniciativa mejoró en gran medida la moral de nuestro equipo, ya que los jugadores se volvieron más conscientes de sus quejas y dejaron de hacerlo. Entendieron que quejarse es tóxico para el ambiente del equipo. Un vestuario positivo fomenta un mejor rendimiento en el campo.

Nuestros pensamientos, palabras y lenguaje corporal son poderosos y constantemente evaluados. La energía que compartimos con compañeros de equipo y colegas es crucial. En lugar de quejarnos, nos enfocamos en la gratitud y la apreciación por la oportunidad de competir, jugar un juego que amamos y mejorar. Si te estás quejando, no estás liderando. Si estás liderando, no te estás quejando. Los grandes líderes son positivamente contagiosos, y te animo a compartir una visión, creencia, actitud y ánimo positivos con tu equipo. Al hacerlo, reduces la probabilidad de tener días malos y aumentas las posibilidades de tener días excelentes.

Capítulo 3

Consistente

Si no eres consistente, perderás la confianza de tu equipo. Cuando se pierde la confianza, se pierde el vestuario.

La consistencia gana el vestuario

Mike Smith

A menudo, los entrenadores comienzan la temporada con una filosofía y una actitud, pero las cambian cuando el equipo empieza a perder. Como líder, debes ser consistente en tu estilo de liderazgo, enfoque, actitud, filosofía y tácticas. Si comienzas como un entrenador comprensivo y amigable, no puedes convertirte de repente en alguien que los jugadores no soportan. No puedes pasar de ser alentador a ser condescendiente. La inconsistencia hará que tu equipo pierda la confianza en ti, lo que llevará a una pérdida de control en el vestuario y, en última instancia, a perder partidos. Esto no significa que no experimentarás momentos de enojo o frustración. Si eres un entrenador con altas expectativas que grita de vez en cuando, tu equipo entenderá eso como parte de tu estilo. La clave es mantener tu enfoque durante todo el año, independientemente de tu récord de victorias y derrotas. Tu equipo necesita saber qué esperar de ti y ver que te adhieres a tus principios y filosofía, incluso durante los malos momentos. Debes ser el mismo entrenador en un 0 a 8 que en un 8 a 0. Esto es difícil, en especial cuando pierdes y estás bajo presión, pero es crucial. Tu carácter durante los momentos difíciles es lo que tu equipo recordará durante los períodos exitosos.

La consistencia gana a largo plazo

Jon Gordon

Un amigo mío, Tom Flick, jugó como mariscal de campo para Joe Gibbs y los Washington Redskins. Cuando Joe asumió el mando, los Redskins estaban perdiendo y comenzaron la temporada con un récord de 0 a 5. Después de su quinta derrota, todos se reunieron mientras el entrenador se preparaba para dirigirse al equipo. Todos esperaban un discurso lleno de críticas de parte de Joe en el vestuario. En cambio, él dijo: «Muchachos, estamos cada vez más cerca». Los animó y se centró en el proceso, tal como lo había hecho durante el campamento de entrenamiento y toda la temporada. Su consistencia llevó a los Redskins a un récord de 8-8 ese año y, tiempo después, a tres *Super Bowls*.

Aunque ejemplos como el de Joe Gibbs son inspiradores, mantener la consistencia es un desafío. El estrés diario, las distracciones y las situaciones difíciles pueden desviarnos con facilidad. Como líder, te animo a seguir el consejo de Pete Carroll. Cuando le preguntaron sobre su mayor desafío, dijo: «Mi mayor desafío es ser consistente yo mismo. Debo ser la "misma persona" todo el tiempo. Debo ser implacable en mi búsqueda de ser consistente. Debo tener disciplina para estar completamente presente y poder estar en el momento con cada persona o jugador. Ahí tendremos una oportunidad de maximizar el momento juntos. Mi desafío es ser tan consistente y optimista que todos en la organización sientan que mañana será mejor que hoy, y esperamos que así sea».

No está bien estar de mal humor

Jon Gordon

La consistencia es crucial no solo para los entrenadores, sino para cada miembro del equipo. Durante una visita a un equipo universitario de baloncesto femenino, aprendí que a menudo tenían que enviar a una jugadora a casa debido a su mal humor porque afectaba de manera negativa al equipo. Esto no era un caso aislado; de vez en cuando enviaban a varias jugadoras a casa por la misma razón. Les pregunté si siempre estas jugadoras estaban de mal humor. Los entrenadores me dijeron que a veces estaban positivas y otras veces negativas, nadie sabía qué esperar.

Hablé con el equipo y enfaticé la importancia de la consistencia. Los desafié a ser una influencia positiva y dejé en claro que estar de mal humor es inaceptable. Cuando estás de mal humor, las personas a tu alrededor pierden confianza porque no saben qué esperar de ti. No importa qué ocurre a nivel personal o académico, cuando entras al vestuario, debes decidir tener un impacto positivo en tus compañeras de equipo. Para construir un equipo ganador, mantén la consistencia en tu actitud, esfuerzo y acciones. Siempre ten una gran actitud para dar lo mejor de ti en todo lo que hagas. Esfuérzate por convertirte en la mejor versión de ti mismo cada día. No cambies de opinión, sé firme como un árbol con raíces profundas, inquebrantable a pesar de las circunstancias externas. Sé el líder en quien todos puedan confiar y depender.

Sé consistente en tu deseo de ser el mejor

Mike Smith

Los mejores jugadores que entrené tienen el mismo deseo constante de sobresalir. Trabajé con algunos de los mejores entrenadores y jugadores del mundo, y todos poseen esta característica: el deseo de ser los mejores. Este deseo es evidente en su rutina y preparación. Por ejemplo, Ray Lewis aspiraba a ser el mejor defensor de todos los tiempos. Su preparación era meticulosa y su compromiso incomparable. Hizo todo lo que estaba en su poder para estar lo mejor preparado posible. No dejaba nada al azar y elevaba el rendimiento de todos a su alrededor.

De manera similar, Jack Del Rio ejemplificó este rasgo como jugador y entrenador. Trabajé con Jack en Baltimore y más tarde como su coordinador de defensiva en Jacksonville. Jack, un exjugador de la NFL, jugó durante 11 años y fue seleccionado para el Pro Bowl en 1994. A pesar de ser etiquetado como un una persona que superaba las expectativas, su éxito se debió a su preparación constante. A menudo hablábamos de la mentalidad de los jugadores para planificar el calendario anual de manera efectiva. Como entrenador en jefe de los Jaguars, Jack enfatizaba la importancia de la rutina y la preparación. Compartía sus propias experiencias y ofrecía consejos sobre la preparación física y mental para una temporada de la NFL. Fue un enfoque que había dado buenos resultados para él y otros jugadores de la liga. Subrayaba que una rutina consistente es crucial para ser el mejor, un mensaje poderoso que también compartía con mis equipos.

Como entrenador en jefe prioricé inculcar este deseo de ser el mejor en mis equipos. Sin embargo, en 2013, sentí que nuestro equipo y organización tenían un exceso de confianza y asumían el éxito sin mantener la rigurosa preparación que previamente nos había traído éxito.

El exceso de confianza es una enfermedad

Mike Smith

Cada equipo y organización debe protegerse contra el exceso de confianza. Puede ser sutil en sus primeras etapas y a menudo pasa desapercibido. Los líderes deben evitar que el exceso de confianza eche raíces dentro del equipo, ya que se propaga con rapidez. El exceso de confianza surge cuando los miembros del equipo creen que los éxitos pasados garantizan el éxito futuro. En 2013, con los Falcons perdimos de vista cómo otros equipos de la NFL buscaban superarnos. Descuidamos el proceso y terminamos la temporada con un récord de 4-12, a pesar de haber sido anfitriones del juego de Campeonato de la NFC el año anterior. Esto fue imperdonable, y como entrenador en jefe, yo era el responsable. La NFL es un negocio donde las excusas no tienen lugar; no se pueden culpar factores externos como lesiones o mala suerte. En lugar de asumir que regresaríamos a las eliminatorias o al *Super Bowl*, debería haber hecho lo mismo que en otros años: fomentar la urgencia, enfocarnos en nuestro deseo de ser los mejores, identificar las áreas para mejorar y, por sobre todo, enfatizar el proceso sobre el resultado.

Ganar y perder en la NFL a menudo se reduce a unas pocas jugadas críticas. La mayoría de los entornos empresariales son igualmente competitivos. El exceso de confianza llevó a la caída de muchos equipos y empresas que descansaron en sus laureles mientras los competidores trabajaban para superarlos. Al final de cada año, las organizaciones deben evaluar su desempeño, identificar fortalezas y áreas para mejorar. La clave es innovar y mejorar en todo momento. Al enfocarse en el proceso en lugar del destino, se prioriza la grandeza y se previene el exceso de confianza. Lo que sí quieres lograr es una mejora constante, un entrenamiento constante y un deseo constante de ser los mejores.

Mejora de manera consistente

Jon Gordon

La lección que compartió Mike es muy importante. Incluso los mejores entrenadores y equipos pueden cometer el error de enfocarse en éxitos pasados en lugar de crear nuevos éxitos. Bill Walsh, uno de los mejores entrenadores de fútbol americano, solía decir que temía más al éxito que al fracaso. Le preocupaba que, después de tener éxito, los jugadores o equipos tuvieran exceso de confianza y dejaran de esforzarse por mejorar. Walsh observó esto con frecuencia: un equipo ganaba un campeonato o un jugador tenía una excelente temporada, y asumían que podían lograr los mismos resultados sin esfuerzo al año siguiente. No reconocían que el éxito proviene del trabajo duro, la pasión y la mejora continua. Cada año, las mejores personas se comprometen a ser mejores de lo que fueron el año anterior. El éxito pasado no garantiza el éxito futuro. El éxito futuro depende de tu trabajo, preparación, práctica y esfuerzos diarios para mejorar. Los mejores se comprometen a esto cada semana, día, hora y segundo. Para ganar de manera consistente, debes mejorar constantemente.

Humildes y ambiciosos

Jon Gordon

Dos palabras que definen a un equipo que mejora de manera continua son «humildes» y «ambiciosos». Ya sea que te esfuerces por ganar o mantener el éxito, recuerda estos principios:

Sé humilde

- Siempre considérate un aprendiz de por vida, abierto a aprender, al crecimiento y la mejora.
- Aprende de todos, incluso de la competencia.
- Adopta nuevas ideas y estrategias para avanzar en tu trabajo y equipo.
- Mantente con los pies en la tierra a pesar de los elogios o críticas.
- Practica la humildad; pensar que has alcanzado la grandeza puede llevar a retrocesos.
- El éxito de hoy es efímero; esfuérzate por mejorar continuamente.

Sé ambicioso

- Busca constantemente nuevas ideas, estrategias y desafíos.
- Prepárate para trabajar duro y apunta a la grandeza, no a la mediocridad.

- Trabaja más que cualquier otro equipo.

- Disfruta el proceso y sus resultados.

- Persigue la excelencia todos los días y busca maneras de mejorar.

- Evita el exceso de confianza; siempre apunta a superar logros anteriores.

Capítulo 4

Comunicar

Cuando hay un vacío en la comunicación, la
negatividad ocupa su lugar. Llena el vacío con una
comunicación efectiva.

Lo más importante que un entrenador puede hacer

Jon Gordon

 En una una cena con Doc Rivers, el entrenador en jefe de los Los Angeles Clippers, le pregunté sobre su papel más importante como entrenador. Él me dijo: «Me comunico con mi equipo. No solo como grupo, sino individualmente. Necesito entender dónde está cada persona para guiarlos. Al comunicarme a menudo, sé quién tiene problemas personales, quién necesita ánimo y quién necesita un desafío». Luego le pregunté qué quería mejorar como entrenador, me respondió: «Quiero mejorar mi comunicación». Me dejó sin palabras. Es el entrenador que muchos consideran el mejor comunicador en el mundo del deporte y aun así quería mejorar. Esto refleja la importancia de la comunicación y la necesidad de que cada líder le dedique atención constante.

La comunicación es la base de toda gran relación. Construye confianza, lo que genera compromiso, fomenta el trabajo en equipo y logra resultados. No se puede desarrollar confianza sin una comunicación efectiva, ya que debilita las relaciones y equipos. La mala comunicación a menudo lleva a la ruptura de matrimonios y equipos. Si no hay comunicación, la negatividad llena el vacío, se propaga con rapidez y crea una atmósfera negativa. La clave está en seguir el consejo de Doc Rivers y priorizar la comunicación. Cuando lo hagas, te darás cuenta de que la comunicación es la base para construir relaciones sólidas y equipos ganadores. Tras años de trabajar con Mike Smith, una de las cualidades que más valoro de él como líder es su capacidad para comunicarse con su equipo. Aunque él no lo admitiría, una de las frases más repetidas por sus jugadores y quienes lo conocen es: «Todos aman a Smitty» (su apodo). Su gran habilidad para comunicarse es una de las razones por las que lo quieren tanto y ahora puedes descubrir, con sus propias palabras, cómo lo logra.

Comunicación uno a uno

Mike Smith

El consejo de Doc Rivers sobre la comunicación resuena conmigo porque es fundamental para mi filosofía y estilo de liderazgo. Cuando me convertí en entrenador principal, me reuní con todos en la organización y con cada miembro del equipo. En baloncesto tienes de 12 a 20 jugadores, pero los equipos de fútbol americano son más grandes, lo que hace que la comunicación sea más desafiante. Sin embargo, la comunicación efectiva es esencial para el éxito en el vestuario y en el campo.

Durante mis primeros 45 días como entrenador principal, mientras Thomas y nuestro personal ajustaban la plantilla, prioricé reunirme con la mayor cantidad posible de jugadores. Este equipo había tenido tres entrenadores principales diferentes en 12 meses, los jugadores se sentían abandonados y había falta significativa de confianza. Durante tres semanas llevé a cabo estas reuniones para entender la cultura y la dinámica del equipo. También busqué devoluciones de cada jugador sobre la inconsistencia del equipo con las siguientes preguntas:

- ¿Tenemos los jugadores para ser un equipo de eliminatorias?
- ¿Hay un fuerte deseo de ser los mejores?
- Si no, ¿por qué?
- ¿Disfrutan los miembros del equipo de estar juntos?
- ¿Somos un equipo o solo individuos con el mismo uniforme?
- ¿Los jugadores se están divirtiendo?
- ¿Cómo manejan los jugadores no conseguir los resultados deseados?
- ¿Asumen la responsabilidad o culpan a otros?

Estas preguntas a menudo incomodaban a los jugadores y provocaban respuestas políticamente correctas. Sin embargo, yo buscaba un diálogo honesto y comprometido y, por suerte, lo recibí. Una de las conversaciones más reveladoras fue con Todd «Mud Duck» McClure, un jugador veterano desde 2000. Su transparencia y devoluciones, junto con los comentarios de otros veteranos, fueron cruciales para abordar los problemas pasados de los Falcons. Estas comunicaciones fueron vitales para reconstruir a los Falcons, fomentar relaciones más fuertes y crear un equipo más sólido.

Entiendo que mantener una comunicación uno a uno constante con todos en una organización grande es difícil. La clave es reunirse con tu equipo de liderazgo y con aquellos a quienes lideras directamente, asegurándote de que se comuniquen bien con sus equipos. Si esta práctica se mantiene en toda la organización, las relaciones, el trabajo en equipo y el rendimiento mejorarán significativamente. Además, tener una política de puertas abiertas fomenta la interacción y permite que todos sepan que estás disponible para hablar. Con este enfoque le demuestras a tu equipo que estás allí para ellos y fortaleces el vínculo entre tú y tu equipo. La única manera de conocer realmente a tu equipo y que ellos te conozcan a ti es a través de interacciones uno a uno.

Escuchar mejora la comunicación

Mike Smith

La comunicación a menudo se percibe como hablar, pero en realidad se trata más de escuchar. Los mejores comunicadores son aquellos que escuchan, procesan la información y toman decisiones que benefician al equipo y a la organización. Escuchar de verdad implica entender lo que la otra persona intenta transmitir.

Un ejemplo impactante de escuchar que realmente marcó la diferencia para nuestro equipo ocurrió durante una de nuestras reuniones del club de mayores de 30 años (para jugadores de 30 años o más). Estos jugadores experimentados de la NFL eran líderes y mentores. Realizábamos de cuatro a seis reuniones al año para analizar el funcionamiento del equipo, los desafíos y nuevas ideas desde la perspectiva de los jugadores. En la temporada 2010, los jugadores sugirieron comenzar nuestro día de trabajo un poco más tarde y acortar el descanso entre las prácticas de la mañana y la tarde. Sus razones eran convincentes. Escuché y presté atención a lo que decían. Su punto de vista sobre la secuencia del día de práctica tenía un fundamento, y analicé sus sugerencias con el cuerpo técnico. Implementamos estos cambios, lo que mejoró nuestra eficiencia dentro y fuera del campo. Como resultado, jugamos mejores partidos y llegamos bien descansados a las eliminatorias. Escuchar y prestar atención a lo que tu equipo tiene para decir fomenta una comunicación abierta y un sentido de inclusión. Tu equipo siente que lo escuchas y respalda tu liderazgo porque sabe y percibe que forma parte del proceso de construir y mantener el éxito.

Un aspecto importante de escuchar y comunicarse es hacer las preguntas correctas a las personas correctas. Por ejemplo, a menudo consultaba con Matt Ryan para asegurarme de que estuviera cómodo con el plan de juego ofensivo. Si tenía preocupaciones, las analizaba con nuestro coordinador y el personal de ofensiva. Era importante recibir las devoluciones de Matt y de los otros miembros clave del equipo. Mientras hacíamos esto, nos aseguramos de considerar los planes de juego desde diferentes perspectivas y de desarrollar las mejores estrategias que aprovechaban nuestras fortalezas para ganar. Además, él sabía que contaba con mi apoyo. La relación entre el entrenador en jefe y el mariscal de campo es crucial, y la nuestra continúa hasta el día de hoy. Se basa en escuchar y entender. De manera similar, escuchaba a mis entrenadores y coordinadores para fomentar una cultura de comunicación abierta. Este enfoque me permitió reunir diversas perspectivas, lo que dio como resultado una mejor toma de decisiones. Al igual que Abraham Lincoln, quien buscaba diferentes puntos de vista antes de tomar decisiones, los entrenadores y líderes deben hacer lo mismo.

¿Cuál es la temperatura de hoy?

Mike Smith

Para ser un líder eficaz, debes tomar la temperatura del lugar. No me refiero a lo que marca el termómetro, sino al estado del equipo y a la energía dentro de la organización, no solo cuando surgen problemas, sino también cuando las cosas van bien. Entender el estado de ánimo de la organización es crucial para tomar decisiones informadas.

En los deportes, este pulso puede variar todos los días según los resultados de los juegos, los horarios de práctica o las noticias externas. Fluctúa durante el receso con los cambios en la plantilla y se intensifica durante las eliminatorias. Las dinámicas de una organización, ya sea en el deporte o en los negocios, siempre cambian y, como líder, debes gestionar estas dinámicas al evaluar con regularidad el estado de ánimo del equipo. Tener un análisis preciso del estado de ánimo del lugar en todo momento te permitirá tomar las mejores decisiones para tu equipo u organización.

Utiliza todos los recursos disponibles para medir el estado de ánimo. No te guíes solo por unos pocos líderes o por los que toman las decisiones. Los jugadores pueden comportarse de manera diferente alrededor de los entrenadores o supervisores. La mejor manera de medir el estado de ánimo es a través de varios «termómetros» dentro de la organización. El personal de entrenamiento, los gerentes de equipo, el personal de comunicaciones y el equipo de desarrollo de jugadores proporcionan información valiosa. A menudo les preguntaba a estas personas: «¿Cuál es la temperatura hoy?». Sus respuestas ofrecían información muy valiosa.

Por ejemplo, el personal de equipo me informaba cuando un jugador estaba enojado, el personal de entrenamiento me alertaba sobre desafíos fuera del campo y me enteraba de conflictos internos y pesimismo después de las derrotas. Al preguntar sobre el estado de ánimo, no solo recopilaba información importante, sino que también involucraba a diferentes miembros del equipo, lo que reforzaba su papel en la organización. Este enfoque nos ayudaba a abordar posibles problemas antes de que afectaran nuestra cultura y rendimiento.

Como líder, no puedes limitarte a hablar solo con otros líderes que tengan una perspectiva similar a la tuya. Es esencial involucrarte con aquellos más cercanos a los posibles desafíos. Haz preguntas, escucha, aprende y usa estos conocimientos para tomar decisiones informadas.

Lidera con la presencia

Mike Smith

Un aspecto significativo para entender el ambiente del edificio es liderar con la presencia. No puedes tomar buenas decisiones sentado en tu oficina. Los mejores líderes se mueven y se muestran en todo el edificio, no solo en la oficina, también en la sala de entrenamiento, el vestuario y la cafetería. Lideras dejando una marca en cada rincón del lugar. Al estar presentes en cada área, los líderes cierran la brecha entre las diferentes partes de la organización.

Hacía visitas diarias a la sala de entrenamiento para ver a los jugadores que recibían tratamiento. Cuando los jugadores están en la sala de entrenamiento durante la temporada, se dividen en cuatro categorías: los que están heridos, por lo tanto, fuera de la temporada; los que definitivamente no jugarán el próximo partido; los que están heridos, pero tienen una oportunidad de jugar en el próximo partido y los que reciben tratamiento después de las lesiones y podrán jugar. Independientemente de su estado, mostraba preocupación por su bienestar. Algunas de mis mejores conversaciones con los jugadores ocurrieron en la sala de entrenamiento.

Las visitas a la sala de pesas también eran importantes. Enfatizaban la importancia del trabajo realizado con el departamento de rendimiento atlético. A menudo, los entrenadores asistentes y el personal de apoyo usaban la sala de pesas al mismo tiempo, lo que fortalecía aún más la cultura y la comunicación de la organización.

La cafetería proporcionaba otra oportunidad para interactuar. Comer con los jugadores permitía conversaciones relajadas y me ayudaba a aprender más sobre ellos y a construir relaciones sólidas.

También pasaba bastante tiempo en el vestuario, observaba interacciones y evaluaba la energía y el estado de ánimo del equipo. Estas visitas son muy importantes para entender la dinámica del equipo. Al identificar y abordar posibles problemas temprano, podía prevenir que se intensificaran y afectaran negativamente la dinámica del equipo. Me di cuenta de que gran parte de ganar en el vestuario implica estar informado de lo que ocurre y crear la cultura del equipo.

Comunicar el mensaje

Mike Smith

Una parte significativa del rol de un entrenador es comunicar mensajes clave, temas y principios al equipo. Cada temporada, introducíamos un tema durante el receso, seguido de temas semanales presentados en la reunión del equipo los miércoles, relevantes para el próximo juego. Aunque hay muchas maneras de presentar los mensajes anuales y semanales, es crucial asegurarte de transmitirlos de manera clara desde la primera vez que los presentes. Luego, después de la primera presentación, debes asegurarte de reforzar los temas y mensajes una y otra vez, hasta que queden integrados en las mentes de los jugadores. El objetivo es que estos temas y mensajes estén en la mente de cada jugador, entrenador y miembro de la organización durante toda la temporada.

El equipo de liderazgo, incluidos los entrenadores asistentes, también debe compartir y reforzar los mismos mensajes. La consistencia en los mensajes de todos los líderes es esencial. Cada líder debe repetir las mismas creencias y compartir el mismo mensaje, en especial los mentores y líderes en el vestuario. La consistencia en los mensajes y acciones construye confianza y fortalece la cultura del equipo. Los entrenadores y líderes no solo deben hablar del mensaje, sino también modelarlo. La consistencia en los mensajes y acciones es clave para el éxito de un equipo.

Un líder sabe que el mensaje quedó claro y que el equipo lo aceptó cuando se repite en el vestuario, en el campo de práctica, en la cafetería, en la sala de entrenamiento y ante los medios. Escuchar a los jugadores repetir el mensaje en los medios constantemente indica que lo han adoptado y demuestra que están comprometidos por completo.

Un método que utilizamos para presentar un tema para la temporada fue dar «monedas de desafío» a los jugadores y entrenadores. Esta práctica comenzó en 2005 en Jacksonville cuando era el coordinador defensivo y la presentó Dave Campo, un exentrenador en jefe de los Dallas Cowboys. Un año en Jacksonville, nuestro tema fue «Dominar las bases de tu trabajo y jugar con unidad en la defensa». Ese año, tuvimos nuestra mejor temporada estadísticamente, de toda la gestión de Dave y la mía con los Jaguars. La razón de nuestro éxito fue que jugamos como una unidad y el objetivo de cada jugador era ser el equipo con las bases más sólidas en la NFL.

En Atlanta, durante mi primera temporada en 2008, el tema fue «Abrazar el proceso». Este mensaje se comunicó una y otra vez a los jugadores, fanáticos y medios de comunicación. Se convirtió en una palabra de moda, repetida por todos en nuestro complejo en Flowery Branch. Los medios se cansaron de escuchar lo mismo, no les gustaba, pero a mí sí. Esa reacción nos demostró que el mensaje se transmitió. Misión cumplida.

El poder de una voz externa

Jon Gordon

Para complementar los pensamientos de Mike sobre la comunicación en equipo, es importante tener voces externas que refuercen los mensajes y temas que compartes. Un CEO me dijo una vez: «Jon, nunca subestimes el poder de una voz externa». Después de hablar en la reunión anual de su empresa, me dijo: «Te trajimos aquí para reforzar nuestro mensaje. Nuestro equipo se cansa de escucharlo de nosotros, pero cuando viene de una voz externa, es nuevo, fresco y emocionante». Entendí su punto. Mis propios hijos a menudo no prestan atención a lo que digo, un sentimiento compartido por muchos padres. Así que, además de escribir mensajes inspiradores en las pizarras de las habitaciones de mis hijos, recurrí a voces externas para reforzar el mensajes y los principios que quiero compartir con ellos. Algunos entrenadores, tutores, mentores y expertos me ayudan a motivar, enseñar y desafiar a mis hijos y sacar lo mejor de ellos. El poder de una voz externa es innegable. Usar diferentes voces para compartir y reforzar mensajes clave con tu equipo puede ser muy efectivo. Cuanto más lo escuchen, de diversas personas y en diferentes estilos, más resonará. Los videos, libros, música y oradores son excelentes recursos para utilizar y compartir con tu equipo.

Los enemigos de una gran comunicación

Jon Gordon

Si eres como la mayoría de los líderes, puede que te des cuenta de que necesitas mejorar la comunicación con tu equipo. Tal vez sepas que no estás a la altura, pero no estás seguro de por qué. Es importante entender los enemigos que obstaculizan una comunicación efectiva. Incluso con las mejores intenciones y un plan sólido de comunicación, la ocupación y el estrés pueden sabotear tus esfuerzos e impactar de manera negativa a tu equipo. Cuando estás ocupado y estresado, se activa la parte reptiliana de tu cerebro, que solo se enfoca en la supervivencia. En este estado, descuidas la comunicación y la construcción de relaciones y te concentras solo en superar el día en lugar de ayudar a tu equipo a mejorar. La clave es ser consciente de que estos obstáculos existen, respirar profundamente, tomarte un momento y hacer de la comunicación una prioridad. Otras cosas pueden ser urgentes, pero recuerda que lo que realmente importa es la comunicación. Los estudios indican que el estrés y la gratitud no pueden coexistir. Por lo tanto, respira, practica la gratitud, encuentra momentos de calma en medio de la ocupación y haz de la comunicación una prioridad. Tu equipo se beneficiará enormemente de estos esfuerzos.

La comunicación debe conducir a la colaboración

Mike Smith

El primer entrenador en jefe de la NFL con el que trabajé fue Brian Billick, un comunicador excepcional. Era un gran oyente y fomentaba las conversaciones e incluso los debates entre el personal y los jugadores. Estas conversaciones no solo producían planes de juego efectivos, sino que también fomentaban un sentido de inclusión. Cuando el personal y los jugadores se sienten incluidos, se adueñan del proceso, lo que reduce las dudas después de una derrota. Por eso me comunicaba todas las semanas con jugadores clave como Matt, Roddy, Julio, Spoon, Brook, Osi y Kroy, y también con mis coordinadores y entrenadores.

Después de ganar el *Super Bowl* de 2000, el personal de los Baltimore Ravens vio a tres asistentes, además de mí, convertirse en entrenadores en jefe exitosos de la NFL: Marvin Lewis con los Cincinnati Bengals, Jack Del Rio con los Jacksonville Jaguars y luego los Oakland Raiders, y Rex Ryan con los New York Jets y luego los Buffalo Bills. Marvin Lewis, nuestro coordinador de la defensiva, era excepcional los días de juego, dirigía jugadas casi perfectas y llevaba a nuestro equipo a situaciones óptimas. La estructura de Brian Billick fomentaba la comunicación, que Marvin implementaba de manera eficaz con el personal y los jugadores de la defensiva.

Cada miembro del personal de la defensiva tenía responsabilidades específicas para presentar la información al equipo durante las reuniones. Las personas responsables de las jugadas de corta distancia o cerca de la línea de gol se lo tomaban personal si el rendimiento no era el esperado en esas situaciones. Este enfoque colaborativo no solo mejoró el trabajo en equipo, sino que también nos preparó para ser coordinadores y entrenadores en jefe.

La participación de los jugadores también era crucial. Los jugadores necesitan confianza en las órdenes defensivas, y su aporte en el plan de juego fomenta esta confianza. Durante mi tiempo con Baltimore, Jacksnoville y Falcons, aprendí que el éxito proviene no solo de la comunicación, sino de la colaboración que le sigue. La comunicación por sí sola puede llevar a un rendimiento inferior, pero un equipo colaborativo que se esfuerza por la excelencia crea algo especial. Los equipos colaborativos también están mejor preparados para manejar las dinámicas cambiantes tanto de factores internos como externos. Por lo tanto, asegúrate de que tu equipo no solo se comunique, sino que también colabore para alcanzar su mejor desempeño.

Capítulo 5

Conectar

El equipo supera al talento cuando el talento no es un equipo.

Comunicar y colaborar conducen a la conexión

Jon Gordon

 La comunicación y la colaboración efectivas fomentan conexiones entre los miembros del equipo. La comunicación fomenta el inicio de la confianza, mientras que la colaboración la fortalece y mejora las relaciones. Esto resulta en conexiones más fuertes dentro del equipo, lo que lleva a un grupo más comprometido y poderoso. Esto es esencial porque cuando tienes conexiones fuertes, tienes un equipo más comprometido y poderoso. Un equipo conectado se convierte en un equipo comprometido.

Por mi experiencia trabajando con equipos, he comprendido que la conexión es la *clave* para alcanzar la grandeza. La falta de conexión resulta en un mal trabajo en equipo y un rendimiento mediocre. La conexión diferencia a un equipo próspero de uno que se desmorona. Los entrenadores a menudo se quejan de la falta de conexión en sus equipos. Los miembros jóvenes del equipo con frecuencia se enfocan en sí mismos, sus metas personales, redes sociales y egos. Las influencias de la familia y los amigos a menudo enfatizan los logros individuales sobre el éxito del equipo. El mensaje que reciben del mundo exterior es que lo importante es lo individual, no el equipo. Esto crea una desconexión entre las metas personales y las del equipo, lo que lo debilita.

Cuando los entrenadores y jugadores priorizan convertirse en un equipo conectado, el enfoque cambia de «yo» a «nosotros». Las barreras individuales se rompen, los lazos se fortalecen, las relaciones se desarrollan, y el equipo se vuelve más conectado, comprometido y fuerte.

El equipo supera al talento cuando el talento no es un equipo

Jon Gordon

Antes de la temporada de baloncesto universitario 2013-2014, recibí una llamada de Billy Donovan, el exentrenador de baloncesto de la Universidad de Florida, ahora entrenador en jefe del Oklahoma City Thunder. Billy me habló de los desafíos de su equipo y quería mi consejo. Le compartí las 7 «C», y Billy se enfocó de inmediato en la conexión. Dijo: «Eso es, Jon. A menudo llegamos a la *Elite Eight,* pero luchamos por avanzar al *Final Four* porque nos falta conexión. Si estamos más conectados, tendremos una mejor oportunidad de ganar partidos difíciles e importantes». Durante toda la temporada, Billy y yo nos mantuvimos en contacto, y me impresionaron sus esfuerzos por conectarse con sus jugadores y fomentar relaciones entre ellos. Nunca había visto a un entrenador invertir tanto en un equipo. El equipo de Florida se transformó de un grupo de individuos en una familia conectada. Avanzaron al *Final Four* y derrotaron a un talentoso equipo de Kentucky tres veces esa temporada. A pesar de no tener jugadores seleccionados en la NBA, Florida tuvo éxito contra equipos más talentosos porque estaban más conectados. Esto demuestra cómo un equipo conectado puede superar a un equipo más talentoso pero menos unido. Puede que no tengas a los jugadores más talentosos, pero si tienes un equipo conectado, a menudo derrotarás a equipos más talentosos que carecen de un vínculo cercano.

Un fenómeno similar ocurrió con el equipo de baloncesto de la Universidad de Nebraska esa misma temporada. En enero, después de que la temporada había comenzado, hablé con todos los atletas y entrenadores de la escuela. El equipo de Nebraska estaba teniendo una temporada promedio, y después de mi charla sobre la importancia de ser un equipo conectado, almorcé con el entrenador Tim Miles. Hablamos sobre las formas de mejorar las conexiones y la positividad del equipo. Después de esto, Tim se enfocó en mejorar las conexiones de su equipo. Tuvieron una gran temporada, llegaron al torneo de la NCAA por primera vez en años. De verdad creo que cuando un entrenador y un equipo se conectan entre sí, el compromiso, el trabajo en equipo, la química y el rendimiento mejoran dramáticamente.

Nosotros podemos

Mike Smith

Durante mi carrera como entrenador, fui testigo del poder de un equipo conectado. El equipo de los Ravens que ganó el *Super Bowl* en el año 2000 ejemplifica esta conexión. A pesar de enfrentar tiempos difíciles, nos mantuvimos unidos. Nuestra defensa estableció un récord histórico por permitir la menor cantidad de puntos en una temporada de la NFL y concedimos solo 165 puntos durante la temporada regular. En cuatro juegos de eliminatorias permitimos solo un *touchdown* defensivo. De manera sorprendente, soportamos una racha de cinco juegos sin anotar un *touchdown* ofensivo y ganamos dos de esos juegos.

En general, los equipos tienen problemas de confianza cuando un lado del equipo rinde bien y el otro no, lo que a menudo lleva a culpas, divisiones en el vestuario y desconecta al equipo. Sin embargo, este no fue el caso con los Ravens de 2000. El entrenador en jefe Brian Billick, junto con veteranos como Rod Woodson, Ray Lewis, Tony Siragusa y Rob Burnett, hicieron un trabajo excelente y guiaron al equipo a través de esa racha sin un *touchdown* ofensivo. Brian se comunicaba abiertamente con los líderes del equipo y abordaba los problemas con transparencia y humor para mantener al equipo relajado. Se aseguraron de jamás señalar a ninguno en particular. Los jugadores de la defensiva se mantuvieron confiados y sabían que unos pocos goles de campo podrían asegurar una victoria. Se enfocaron en solo en lo que podían controlar, en sus responsabilidades y apoyaron a la ofensiva durante ese mal momento. Pasar por esa racha de cinco partidos fortaleció al equipo en lugar de sabotearlo. Sabíamos que si no nos hundíamos en esa situación, podríamos enfrentar cualquier cosa que el oponente pusiera en nuestro camino. Cuando estás conectado, eres capaz de convertir la mala suerte en buena suerte, y eso fue lo que hicimos.

En 2012 fui parte del equipo con más conexión en Atlanta. Ese año, tuvimos siete victorias en el último cuarto o en la última jugada, cada una bajo diferentes circunstancias. Nuestra primera victoria de remontada fue en la cuarta semana contra los Carolina Panthers. La defensa hizo una parada crucial con 59 segundos restantes y fueron lo suficientemente disciplinados para no adelantarse en la línea en una cuarta y pulgadas (*4th and inches*) mientras los Panthers intentaban hacerlos caer en posición adelantada. La ofensiva luego movió el balón desde la línea de una yarda hasta la línea de 22 yardas de Carolina, lo que terminó en el gol de campo ganador de Matt Bryant con seis segundos restantes.

Este patrón de finales conectados continuó durante toda la temporada, lo que nos llevó al juego de campeonato de la NFC. Después de recibir la patada inicial luego de quedar atrás por un punto con 31 segundos restantes, nuestra unidad de equipos especiales tuvo un regreso de 35 yardas por Jacquizz Rodgers. Tras dos rápidas recepciones de 19 y 22 yardas por parte de Tony Gonzales y Harry Douglas, nos movimos de la zona de gol de campo y logramos un gol ganador con seis segundos restantes. Todos los miembro del equipo y personal de entrenamiento contribuyeron a estas victorias.

Enfrentar desafíos durante la temporada pone a prueba la resiliencia y la conectividad de un equipo. Mantenerse conectados construye confianza, lo que ayuda a superar la disfunción que puede llevar al bajo rendimiento. En 2012, la conectividad de nuestro equipo fue clave para nuestro éxito. Creíamos que al mantenernos unidos y luchar a través de los altibajos, podíamos lograr los resultados deseados. Sabíamos que, cuando llegara el momento de que alguien diera un paso al frente e hiciera una jugada que cambiara el curso del juego, lo lograríamos. Esta sinergia dentro de la organización previno la desintegración y aseguró que pudiéramos hacer jugadas decisivas cuando fuera necesario.

Desconéctate de la tecnología y conéctate con las personas

Mike Smith

Vivimos en un mundo increíblemente conectado. Los avances tecnológicos de los últimos 30 años simplificaron muchos aspectos de la vida, pero también introdujeron nuevos desafíos. Cuando se empezaron a usar computadoras en el entrenamiento deportivo, se esperaba que simplificaran la planificación de juegos y redujeran el tiempo dedicado a analizar videos de partidos. Los entrenadores ya no tendrían que trabajar 16 a 18 horas durante la temporada. Aunque definitivamente redujeron el tiempo que dedicábamos al análisis de las tendencias de los oponentes, no redujeron las horas de trabajo total para los entrenadores. En cambio, aumentaron la demanda de más datos analíticos, lo que arriesgaba la «parálisis por análisis». La tecnología, destinada a ayudarnos, puede convertirse en un obstáculo si se usa de manera incorrecta. Lo mismo ocurre con nuestros dispositivos conectados.

A pesar de los numerosos métodos de comunicación, las conexiones significativas disminuyen todos los días. Crean máquinas que imitan funciones humanas y, a su vez, hacen que las personas se comporten como máquinas. A lo largo de los años, he notado una disminución en las interacciones cara a cara en los vestuarios, con más personas pegadas a sus dispositivos. Esta tendencia es preocupante ya que dificulta la construcción de relaciones. Los equipos más exitosos que he visto son aquellos que disfrutan de la compañía de los demás. Un equipo que no se conecta tendrá dificultades para ganar.

Es difícil pedir a adultos profesionales que guarden sus teléfonos, pero es una conversación que vale la pena tener. Los equipos deben entender la importancia de las conexiones personales y encontrar formas de fomentarlas. Esto podría implicar designar zonas o momentos sin teléfonos durante los viajes para dar lugar a las conversaciones. Algunos equipos evitan las redes sociales durante la temporada, mientras que otros las permiten. Cada equipo es diferente, y lo que funciona para uno puede no funcionar para otro. La clave es ponerse de acuerdo sobre los métodos y momentos para desconectarse de la tecnología y conectarse entre sí.

No estoy en contra de la tecnología; es valiosa cuando se usa de manera correcta. Los dispositivos móviles no deben ser el medio principal de comunicación, pero pueden complementarla. Por ejemplo, como entrenador, enviar mensajes de texto puede ser una excelente manera de ofrecer ánimo o verificar cómo está un jugador. Mike «Coach K» Krzyzewski hace poco comenzó a enviar mensajes de texto a sus jugadores e incluso aprendió a usar Twitter, lo que muestra la importancia de adaptarse a nuevos métodos de comunicación. Los jóvenes atletas a menudo se comunican a través de dispositivos, y los entrenadores deben adaptarse para conectarse con ellos. Sin embargo, esto debe complementar, no reemplazar, las conversaciones cara a cara que construyen relaciones y conexiones genuinas. Las redes sociales y los mensajes de texto pueden fortalecer estas conexiones cuando se usan adecuadamente.

Crea un vestuario conectado

Jon Gordon

La idea de Mike sobre tener conversaciones sinceras es esencial, y creo que no debes dejar que ocurran al azar. Para crear un equipo conectado, necesitas hacer tiempo para la conexión y planificar actividades que la faciliten. Por ejemplo, mi familia realiza una reunión semanal para asegurarnos de tener conversaciones significativas y conectarnos entre nosotros.

En nuestro mundo ocupado y estresante, conectar con las personas a menudo es lo último en lo que pensamos, pero es crucial para construir un equipo fuerte. Como líder, debes ser proactivo en conectar con tu equipo y crear oportunidades para que los miembros del equipo se unan. Muchos equipos universitarios con los que trabajo usan expertos en formación de equipos de las Fuerzas de Operaciones Especiales de la Marina de EE. UU. para dirigir ejercicios que fomentan las conexiones. Otros usan mis libros, como *El autobús de la energía*, *Campamento de entrenamiento*, *Una palabra*, y *El casco*, para facilitar conversaciones y actividades que construyan lazos. Escuché que también hay equipos que a menudo analizan los principios del libro, o lo leen juntos, luego lo discuten y hasta presentan los principios de manera creativa a través de dibujos, videos o poemas. El equipo se divide en pequeños grupos de dos o tres personas, y cada grupo es responsable de presentar una de las reglas de manera creativa al resto del equipo.

Otro ejercicio efectivo es la actividad de una palabra, donde cada miembro del equipo elige una palabra para el año y se compromete a vivir según ella. Compartir la palabra elegida y su significado con el equipo puede ser muy poderoso. Por ejemplo, un jugador del equipo de baloncesto del ejército eligió la palabra *clavos* para simbolizar dureza. Después de que se rompió el ligamento cruzado anterior, el equipo adoptó *clavos* como su palabra de equipo. Este ejercicio ha sido utilizado con éxito por muchos programas de baloncesto y fútbol de la División 1, así como por los Atlanta Falcons el año en que jugaron en el campeonato de la NFL.

También abogo por ejercicios de formación de equipos que fomenten la vulnerabilidad y el compartir historias significativas. Uno de mis favoritos es «Héroe, adversidad y momento destacado», donde los miembros del equipo comparten su héroe, un momento destacado de su vida y una adversidad que han enfrentado. Este ejercicio fomenta conexiones profundas. Otro gran ejercicio es la actividad del «Momento clave», donde los miembros del equipo comparten un momento que los impactó en su vida, lo que ayuda a los demás a entenderlos mejor. Mi favorito de todos los tiempos es «Si realmente me conocieras, sabrías *esto* sobre mí», que abre corazones, derriba muros y convierte la vulnerabilidad en conexión y fortaleza.

Es crucial crear un *espacio seguro* donde todo lo que se comparte sea confidencial y no se discuta fuera del equipo. Estos ejercicios son muy efectivos con equipos universitarios, pero pueden ser más desafiantes con equipos de secundaria debido a su edad y madurez. Compartir sentimientos de dolor, heridas y miedos pasados ayuda a los individuos a sanar y crecer. A medida que los individuos se conectan y crecen, el equipo se vuelve más fuerte. La vulnerabilidad puede parecer una debilidad, pero es la clave para conexiones significativas y un equipo poderoso. Cuando los miembros del equipo construyen relaciones fuertes, no solo trabajan entre ellos, sino *para* ellos.

Conéctate fuera del vestuario para ser fuerte dentro del vestuario

Mike Smith

Para construir un equipo fuerte, es esencial conectarse fuera del vestuario. Buscamos oportunidades para que todos en el equipo y la organización se conectaran con más frecuencia. Por ejemplo, durante la temporada, organizamos eventos que involucraban a jugadores, entrenadores, cazatalentos, personal de apoyo y sus familias. Los miércoles, cuando jugábamos fuera de casa, organizábamos cenas familiares para que los niños puedan pasar tiempo con sus padres y reunirnos en un entorno no laboral. También teníamos actividades para las fiestas como Halloween, Acción de Gracias y Navidad. Además, introdujimos un programa de chef invitado donde los jugadores elegían el menú del almuerzo los jueves en la segunda mitad de la temporada y creamos comidas temáticas. Algunas comidas destacadas incluían los menús cajún de Todd McClure y los banquetes caribeños de Jonathan Babineaux. Estas iniciativas ayudan a fomentar conexiones fuera del vestuario. Como líder, siempre busca maneras de mejorar estas conexiones.

También buscamos crear oportunidades para que los jugadores se unieran fuera de las presiones laborales. Las actividades incluían servicio comunitario y recaudación de fondos para organizaciones benéficas locales. Es fácil pasar por alto lo afortunado que somos, sin importar cuál sea nuestra profesión.

Devolver a la comunidad fomenta la unión en el equipo. Organizamos eventos como *Huddle Up for Miracles*, donde los jugadores actuaban como camareros famosos para recaudar dinero, y apoyamos programas como *Feed the Hungry* y compras navideñas para familias necesitadas. También planeamos eventos de golf y bolos. Para resaltar nuestra participación en la comunidad, publicamos los nombres de los jugadores que participaron en nuestras reuniones de equipo de los miércoles, por momentos superamos las 1000 visitas comunitarias anuales. Uno de mis eventos favoritos fue nuestra salida de golf, los Jocks contra los Hacks, con los medios y entrenadores.

Estos momentos de conexión realmente marcan la diferencia. Cuando tu equipo está conectado se nota en sus interacciones. Verás a jugadores y al personal interactuar en muchos niveles diferentes. Veras crecer el respeto mutuo entre entrenadores y jugadores y otras personas dentro de la organización. Cuando están verdaderamente conectados, los jugadores participan en actividades fuera del vestuario, como cenas, juegos de cartas, servicios religiosos, golf y bolos. También apoyan los esfuerzos filantrópicos de los demás. Este nivel de conectividad puede elevar a tu equipo u organización.

Mantente conectado

Mike Smith

Quiero compartir una lección clave que aprendí: mantener la conexión con tu equipo es crucial. Una vez que estableces una conexión, es fácil darla por sentada. Si reflexiono sobre mis siete años con los Falcons, me doy cuenta de que las conexiones dentro de una organización son dinámicas y requieren esfuerzo continuo. Con el tiempo, noté que Thomas y yo no estábamos tan conectados al final como al principio. Como un matrimonio que termina demasiado pronto, puedes pensar que todo está bien, pero en retrospectiva, ves que dejaste de trabajar en ello. Thomas y yo siempre tuvimos una gran relación, y aún hoy la tenemos, pero creo que cuando trabajas con otra persona durante tanto tiempo y te conoces tan bien, comienzas a dar las cosas por sentadas. Puedes asumir que como estábamos conectados en el pasado, aún lo estamos en el mismo nivel. Conoces el dicho sobre lo que sucede cuando haces suposiciones, ¿verdad? No puedes perder de vista el hecho de que cada año son equipos y personal nuevos y diferentes. Lo que es seguro es que cada año habrá partes diferentes que formen el equipo y la organización. Cuando las dinámicas y la composición siempre cambian, como líder, debes evaluar el nivel de conexión dentro del equipo, identificar quién está conectado y determinar si las interacciones son positivas o negativas todo el tiempo. Es fácil pasar esto por alto, pero descuidar estas pequeñas conversaciones continuas puede impedir que un equipo alcance su máximo potencial.

La conexión en la parte más alta de una organización es especialmente importante. Los equipos con liderazgo desconectado se desmoronan desde abajo. Nunca subestimes el impacto de una fuerte conexión entre el equipo de liderazgo. Aunque no puedo cambiar mi pasado, puedo ayudarte a moldear tu futuro. Mantente conectado como equipo de liderazgo. Fomenta conexiones con tus jugadores y ayúdalos a conectarse entre sí. Los lazos que crees hoy fortalecerán a tu equipo mañana.

Capítulo 6

Comprometerse

No se trata de ti. Se trata de comprometerte
con tu equipo.

Comprométete si quieres compromiso

Mike Smith

 Cuando hablo de compromiso con mi equipo, a menudo uso la analogía de la gallina y el cerdo en la preparación del desayuno. La gallina está involucrada porque proporciona los huevos, pero el cerdo está comprometido porque proporciona el tocino, sacrificándolo todo. Para ser un gran líder, entrenador y miembro del equipo, debes hacer más que estar involucrado; debes estar comprometido. Un líder debe autoevaluarse para asegurarse de que su nivel de compromiso supere al de cualquier otra persona en la organización. Este compromiso se manifiesta de diversas formas. Debes crear un ambiente donde tu equipo pueda prosperar, crecer y disfrutar del camino. El compromiso implica mejorar a tu equipo, tomar decisiones difíciles y desarrollar las fortalezas de tus jugadores. Tu compromiso debe ser evidente en tus acciones todos los días, no de vez en cuando. Debe ser constante, sin importar el desempeño del equipo o de un individuo. Demuestra a tu equipo que estás dedicado a ayudarlos a ser su mejor versión. Con el tiempo, esto mejorará tanto el rendimiento individual como el grupal.

El compromiso se demuestra mejor a través de acciones que de palabras. Se muestra en cómo tratas e interactúas con cada miembro del equipo. Cuando estás realmente comprometido, todos lo saben y tu equipo lo siente. Los entrenadores a menudo quieren que sus equipos estén comprometidos, pero esto no sucederá a menos que primero demuestres tu compromiso primero. Tu equipo necesita ver, escuchar y sentir tu dedicación. Necesitan saber que estás allí para ayudarlos, enseñar y entrenarlos, tanto dentro como fuera del campo. Demuestras este compromiso todos los días a través del tiempo que inviertes en tu equipo y tu disposición para ayudarlos a mejorar. Cuando tu equipo reconoce tu compromiso, se comprometerán y darán todo por ti.

El compromiso comienza con el líder

Mike Smith

Me uní a los Atlanta Falcons porque sabía que Arthur Blank, el dueño del equipo, estaba profundamente comprometido con su equipo y con ganar. En marzo de 2005, tres años antes de conocer a Arthur, asistí a un simposio de entrenadores de la NFL en Orlando, Florida. Este evento permitía a entrenadores asistentes, como yo, interactuar con dueños, entrenadores principales y gerentes generales. Introdujeron a Arthur, quien era uno de los presentadores, como el cofundador de Home Depot. Yo conocía Home Depot y siempre me impresionó lo serviciales que eran sus empleados. Dejaban en claro que estaban allí para ayudar a las personas que compraban en la tienda y para asegurarse de que tuvieran una excelente experiencia. Sabía que este compromiso con el servicio no comenzaba en la primera línea ni en las tiendas; para tener empleados tan comprometidos, sabía que Arthur tenía que ser un hombre que creía en ayudar a su equipo.

Años más tarde, mientras entrenaba a los Falcons, fui testigo del legado de Arthur en Home Depot. Asistí a un evento en la sede de Home Depot con nuestro grupo de boletos y marketing. Aunque Arthur ya no era el dueño, recibió una ovación de pie de miles de empleados. Esta fue su primera visita desde que dejó la compañía, y estaba claro que lo recordaban y admiraban con cariño por su servicio. El compromiso realmente comienza desde arriba.

Sentir es más poderoso que escuchar

Jon Gordon

En el verano de 2014, visité West Point, que coincidió con la visita del equipo de baloncesto de EE. UU. El entrenador principal, Mike «Coach K» Krzyzewski, llevó al equipo a West Point para comprender el verdadero significado de representar a los Estados Unidos. Coach K, un exalumno de West Point, conocía la importancia del lugar. Había jugado baloncesto allí bajo la dirección de Bob Knight, regresó como entrenador principal después de su servicio militar y entrenó durante cinco años antes de dirigir la Universidad de Duke. Coach K entendía que los jugadores no podían apreciar el significado del lugar solo escuchando sobre él; necesitaban vivirlo, sentirlo. Comentó: «No puedes hablar de este lugar o ver una película sobre este lugar, tienes que sentirlo. Vas a un lugar como este y lo entiendes».

Coach K aplicó el mismo principio para enseñar sobre el servicio y el sacrificio. Llevó al equipo al Cementerio de West

Point, donde se reunieron con las familias de los soldados caídos. Los jugadores escucharon historias de servicio y sacrificio y comprendieron el concepto aún más después de ver las tumbas y sentir la pérdida de las familias. Esta experiencia les enseñó a ellos, y a nosotros, que sentir es más poderoso que escuchar. Tu equipo debe sentir tu compromiso, no solo escucharlo. Escuchar a un líder nos ayuda a aprender; sentir el compromiso de un líder nos transforma.

Servir para ser grande

Jon Gordon

Un equipo reconoce el compromiso de un líder cuando este se toma el tiempo para ayudarlos. Figuras históricas como Jesús, Martin Luther King y la Madre Teresa ejemplificaron esto a través de sus acciones. Muchos líderes sirven a sus equipos de maneras simples, pero impactantes. Contrario a algunas creencias, obtener poder y responsabilidad no debería significar que el equipo tiene que ayudar más al líder. En cambio, los grandes líderes entienden que su papel es ayudar a sus equipos. Al ayudar al equipo, tanto el líder como el equipo crecen.

No puedes ayudarte y a tu equipo a la vez. Debes elegir entre ayudar al *yo* o al *nosotros*. Decide si quieres ser un líder que se ayuda a sí mismo o un verdadero líder que ayuda a los demás. Ser un líder que ayuda es un desafío en el mundo de hoy. Los líderes enfrentan una inmensa presión para rendir, ya sea del mercado de valores, juntas directivas, accionistas, dueños, gerentes generales, fanáticos, juntas escolares, superintendentes o padres. Esta presión puede llevar a la preservación personal en lugar de ayudar al equipo. Los líderes enfocados en resultados inmediatos en lugar de desarrollar a su equipo pueden sobrevivir a corto plazo, pero no prosperarán a largo plazo. Los líderes que se ayudan a sí mismos no dejan legados duraderos. Pueden ganar algunos campeonatos, hacer dinero y lograr algo de fama a corto plazo, pero la verdadera grandeza se alcanza cuando un líder saca lo mejor de los demás. Los grandes líderes y entrenadores son grandes servidores. Sacrifican y ayudan para que los miembros de su equipo puedan sobresalir. Pregúntate todos los días: ¿Qué estoy haciendo para ayudar a mi equipo y a las personas que lidero? ¿Cómo puedo ayudarlos a convertirse en la mejor versión de sí mismos? ¿Cómo puedo mostrarles mi compromiso? Recuerda, no tienes que ser grande para ayudar, pero tienes que ayudar para ser grande.

El compromiso empieza en casa

Mike Smith

Cuando me despidieron como entrenador en jefe de los Atlanta Falcons, tuve oportunidades para volver a entrenar. Sin embargo, elegí no entrenar ese año porque me di cuenta de que el compromiso comienza en casa. A lo largo de los años, mi dedicación a mi equipo de fútbol americano eclipsó las necesidades de mi esposa y mi hija, que estaba en la escuela secundaria. Este año decidí darles prioridad y ha sido la mejor decisión que he tomado. Asistí a casi todos los partidos de *lacrosse* de mi hija e incluso ayudé a llevar el libro de estadísticas. Sus entrenadores elogiaron mi detallado registro de estadísticas, una habilidad afinada por mi experiencia como entrenador en la NFL. También pasé más tiempo ayudando a mi esposa, y estoy agradecido por ello. Como líderes y entrenadores, a menudo pensamos que el compromiso, el liderazgo y el servicio se tratan de grandes gestos, pero en realidad se trata de las pequeñas acciones que muestran a nuestro equipo que estamos ahí para ellos.

Por supuesto que desearía seguir como entrenador de los Falcons, ya que creo que podríamos haber cambiado el rumbo del equipo. Bill Cowher y los Pittsburgh Steelers tuvieron temporadas consecutivas de derrotas en su séptimo y octavo año como entrenador en jefe antes de ganar un *Super Bowl*. Creo que podríamos haber logrado un éxito similar. Sin embargo, esta experiencia fue una gran bendición, ya que me enseñó la importancia de comprometerme en casa. Esta es una lección que quiero compartir con todos los líderes y entrenadores: no importa el éxito en tu carrera, si fallas en casa, fallas en general. Solo tenemos una oportunidad de ser padres y cónyuges, y debemos darlo todo. Cuando vuelva a entrenar, seguiré comprometido con mi equipo de fútbol, pero también haré un mejor trabajo comprometiéndome con mi familia. Es posible equilibrar ambos; solo se requiere hacerlos tu prioridad.

El compromiso lleva tiempo

Jon Gordon

Escuchar la historia de Mike sobre comprometerse en casa me recuerda a hace unos años cuando estaba pensando en mi palabra del año. Era casi 1 de enero y aún no tenía mi palabra. Al final, mientras escuchaba la radio, se me ocurrió: «ayudar». No elegí la palabra; ella me eligió a mí. En ese entonces viajaba mucho por compromisos de conferencias, y mi esposa y mis hijos adolescentes estaban teniendo dificultades en casa. Al igual que Mike, me di cuenta de que tenía que empezar a ayudar en casa y mostrar mi compromiso hacia ellos. Así que rechacé varios compromisos de conferencias e hice más *tiempo* para mi familia. Resultó ser el año más difícil de mi vida.

Mi hija tenía problemas en la escuela. Mi esposa y mi hijo peleaban todo el tiempo. Mi esposa estaba estresada y tenía problemas para ocuparse de todo. Era frustrante porque quería que mis hijos fueran autosuficientes como yo lo era a su edad. Quería que mi esposa pudiera manejar todo. ¿Por qué necesitaban mi ayuda? ¿Por qué no podía simplemente enfocarme en hacer una diferencia en el mundo? ¿Por qué no podía tener un equipo diferente? Lo admito, quería un equipo diferente. Si eres líder, entrenador o padre, es posible que entiendas este sentimiento. A pesar de mi frustración, hice tiempo para ayudar a mi equipo a mejorar. Llevaba a mi hija a la escuela todos los días y la animaba. Cuando llegaba a casa, le hacía preguntas sobre su tarea y los temas de los exámenes para asegurarme de que se preparara y estudiara. Acostaba a los niños y rezaba con ellos. También a menudo lavaba la ropa. Me involucré mucho en las dificultades diarios. En resumen, me comprometí.

Ese diciembre, mi esposa me preguntó cuál sería mi palabra para el próximo año. Bromeó y me dijo si iba a ser «egoísta» porque nunca me había visto hacer tanto por mi familia. Le dije que de ninguna manera. «Ayudar» se había convertido en parte de mí y de mi compromiso. Hacer tiempo para ayudar a mi familia era como mostraba mi verdadero compromiso con ellos. Me di cuenta de que no necesitaba un equipo diferente; necesitaba convertirme en un mejor líder a través de mi tiempo y servicio. Todo en mí quería enfocarme en YO, pero estaba en mi mejor momento cuando me enfocaba en NOSOTROS. También me di cuenta de una gran verdad para los líderes: tenemos el equipo que tenemos por una razón. Los desafíos que enfrentamos con nuestro equipo están destinados a hacernos mejores líderes.

En el proceso de comprometerme con mi familia y aprender a ayudar, me convertí en un mejor líder. Irónicamente, fue entonces cuando mis libros y mi carrera despegaron. Mi hijo se lastimó la espalda jugando al tenis y mi esposa lo llevó al quiropráctico, quien le preguntó por mí. Mi esposa le dijo que daría una charla en la Conferencia de Líderes Mundiales con un montón de personas famosas. El quiropráctico dijo: «Bueno, Jon es famoso». Mi hijo respondió: «No en nuestra casa. Él lava la ropa». Cuando mi esposa me contó esta historia, me emocioné. Mi hijo notó mi compromiso en casa, y eso significa todo. Al final del día, no quiero ser un nombre conocido; quiero ser un gran nombre en mi hogar. A mi hija le va genial en la escuela, mi esposa es mucho más feliz, y ayudo a mi hijo a convertirse en la mejor versión de sí mismo. Creo que todo éxito comienza cuando el equipo a tu alrededor mejora.

Cuando te comprometes, haces que todos sean mejores

Mike Smith

Construir un equipo ganador y mejorar a quienes te rodean a menudo requiere compromiso. Un ejemplo perfecto es Swen

Nater. Reclutado por John Wooden para UCLA desde Cypress College. John le dijo que no jugaría en muchos partidos porque ya tenían al mejor centro del mundo: Bill Walton, pero Swen tendría la oportunidad de enfrentarse a Bill todos los días en los entrenamientos. Wooden quería que Swen desafiara a Walton en los entrenamientos y lo empujara a mejorar. Swen aceptó este papel, se enfocó en hacer a Walton mejor. Pero mientras lo hacía, algo interesante sucedió. Swen también mejoró y se convirtió en el único jugador en la historia de la ABA-NBA en ser seleccionado en la primera ronda sin haber comenzado un solo juego universitario. Lo nombraron novato del año de la ABA y tuvo una carrera de 12 años en el baloncesto profesional. La historia de Swen es un claro ejemplo de que al ayudar a otros a mejorar, tú también mejoras. Su compromiso con su equipo lo llevó a una carrera exitosa y, más tarde, a un puesto ejecutivo en Costco.

Otro ejemplo de compromiso es Roddy White, uno de los miembros más dedicados del equipo que he entrenado. La mayoría de las personas solo veían a Roddy en los días de partido, pero yo tuve la suerte de ver su compromiso todos los días a lo largo de los años. A pesar de numerosas lesiones, Roddy pasó incontables horas en tratamiento para mantenerse saludable y poder volver al campo. Gracias a esto, pudo participar de 133 juegos consecutivos. Su inquebrantable compromiso para estar saludable como para poder jugar los domingo fue algo que nunca antes había viso. Sus compañeros vieron su esfuerzo y dedicación y eso los hizo estar más comprometidos también.

Matt Ryan demostró su compromiso al ver películas adicionales en sus días libres. No tenía que hacerlo, pero quería mejorar y contribuir al plan de juego con los entrenadores. Esta dedicación lo puso un paso adelante del equipo, lo que a su vez elevó el rendimiento de todo el equipo.

Tony Gonzales mostró su compromiso no solo a través de trabajo extra en sus habilidades, sino también a través de su alimentación. Buscó cada ventaja para superar a sus oponentes, entendió que una dieta equilibrada mejoraba sus posibilidades de ganar y mantenerse saludable durante la temporada. Su dedicación influyó en sus compañeros para enfocarse más en su alimentación.

Mike Peterson, quien jugó para mí en Jacksonville y más tarde en Atlanta, ejemplificó el compromiso en sus últimas temporadas. Toda su carrera fue un jugador titular, hasta en 2012 que pasó a ser un jugador suplente. Esa última temporada el compromiso de Mike con el equipo estuvo al nivel más alto que jamás había alcanzado. Contribuyó de cualquier manera posible, incluido jugar en equipos especiales y ser mentor de jugadores más jóvenes.

Compañeros de equipo como estos, que están por completo comprometidos, elevan a todos a su alrededor. Contribuir al éxito de un equipo no siempre se trata de hacer la gran jugada. Se trata de comprometerse con la preparación, la salud, la alimentación, la práctica y la recuperación, lo que en última instancia te hace mejor a ti y al equipo.

El casco

Jon Gordon

En mi libro *El casco*, escribí sobre George Boiardi, en mi opinión uno de los mejores compañeros de equipo de la historia. George jugó *lacrosse* en Cornell 11 años después de que yo lo hiciera y murió de manera trágica en el campo en 2004.

El equipo de Cornell llevaba un casco a cada práctica y juego para simbolizar su ética de trabajo. Cada año, se elegía a un estudiante de primer año que ejemplificara generosidad, compromiso y trabajo duro para llevar el casco. Seleccionaron a George en su primer año. Después de su muerte, Cornell añadió su número, el 21, al casco para honrar su espíritu y dedicación. Con el tiempo, George y el casco se convirtieron en símbolos del éxito del programa de *lacrosse* de Cornell. Los entrenadores y compañeros de equipo de George me contaron muchas historias sobre su increíble compromiso. Incluso 11 años después de su muerte, su influencia sigue creciendo. Era el que más trabajaba y la persona más desinteresada del equipo. Ayudaba a sus compañeros llevándolos a sus casas, les decía la palabra correcta para animarlos y se quedaba para limpiar el vestuario. Invitaba a sus compañeros a practicar más durante el receso y nunca buscaba reconocimiento, solo quería ayudar a su equipo a mejorar. Hoy en día, sus compañeros aún se miden a sí mismos con el estándar que George estableció y se preguntan si están tan comprometidos y ayudan lo suficiente a los miembros actuales de su equipo. Incluso, en la actualidad, personas que nunca conocieron a George se inspiraron para elevar su compromiso gracias a su ejemplo. Esto demuestra el profundo impacto que un líder dedicado puede tener en los demás. Si esto te resuena, usa el casco y ponte a trabajar.

No se trata de ti

Jon Gordon

Conocí a Carl Liebert cuando era el CEO de 24 Hour Fitness y me invitó a hablar con los líderes de su empresa. Carl, un graduado de la Academia Naval y exjugador de baloncesto de la Marina con David Robinson, trajo su enfoque de liderazgo de servicio a 24 Hour Fitness después de una exitosa carrera en Home Depot. Antes de que Carl se convirtiera en CEO, los ejecutivos tenían entrenadores personales que los visitaban en sus casas. Carl cambió esto y ordenó que los ejecutivos entrenaran en los centros para interactuar más con el personal y encontrar mejores maneras de ayudar a su equipo y a los clientes. También exigió que los ejecutivos trabajaran una semana al año en una de sus ubicaciones, ya sea en ventas de membresías, como entrenadores físicos o en servicios de membresía. Esta experiencia logró que los líderes puedan ayudar mejor a sus equipos y entender las necesidades de los miembros al demostrar su compromiso y hacer una gran diferencia.

Después de transformar 24 Hour Fitness, Carl se unió a USAA como Director de Operaciones y continúo demostrando su liderazgo de servicio y compromiso. Estuve en USAA y fui testigo de cómo lidera con autenticidad, humildad y dedicación. Busca opiniones, anima a que le den devoluciones, comparte su palabra con todos en la empresa y los alienta a hacer lo mismo. Carl se enfoca en desarrollar las fortalezas de cada miembro del equipo al entrenarlos para ser sus mejores versiones. Lo más importante es que lidera con humildad y entiende que no se trata de él, sino de su equipo.

Aunque se sentiría avergonzado por este reconocimiento, su ejemplo es poderoso. Recuerda, no se trata de ti. Se trata de comprometerte con tu equipo.

Pierde tu ego

Mike Smith

Para ser un líder humilde como Swen, George y Carl, debes perder tu ego. Un líder exitoso necesita un ego para impulsarlo hacia la grandeza, *pero* debe dejarlo de lado para servir a su equipo. Al perder tu ego, cambias el enfoque de ti mismo a tu equipo. Después de todo, la humildad no significa pensar menos de ti. Simplemente significa pensar menos en ti y más en tu equipo (como parafraseó C.S. Lewis).

Muchos líderes se preocupan por la percepción de los medios y las opiniones externas. Por desgracia, hemos visto a líderes empresariales y entrenadores tomar decisiones con base en su ego en lugar de en sus equipos. Cuando los equipos pierden, algunos entrenadores culpan a los jugadores en lugar de asumir la responsabilidad. Una vez que los entrenadores hacen esto, pierden en el vestuario. Hemos visto como los entrenadores dejan a los jugadores fuera del vestuario y comentan en los medios de que la razón es que no jugaron bien. Si los jugadores no juegan bien, a menudo es debido a una falta de inspiración del entrenador. En lugar de culpar al equipo, un entrenador debe admitir sus propias fallas en liderazgo.

De manera similar, los gerentes de ventas a menudo culpan a sus equipos por no alcanzar los objetivos. Nuevamente, si las personas no están alcanzando sus objetivos, los gerentes deben trabajar con sus equipos para mejorar el desempeño. Si los individuos no contribuyen, se los debe entrenar o despedir, pero no culparlos por el fracaso general. Los políticos también suelen desviar la culpa para evitar ser responsables de los problemas del país. Ahora más que nunca necesitamos líderes que se preocupen más por ayudar a los demás y resolver problemas que por lo que la gente piense de ellos.

Nuestra regla general es que debes preocuparte más por la opinión de tu equipo que por lo que opinen las fuerzas externas al vestuario. Ya sea en negocios, educación u organizaciones sin fines de lucro, nunca disminuyas a tu equipo para verte bien tú mismo. Reconoce tus debilidades, pierde tu ego, mejora y apoya a tu equipo. Luego, vuelve al trabajo y asegúrate de que estás cumpliendo con tu parte y de que ellos están cumpliendo con la suya para mejorar. Al perder tu ego, ganas la confianza y el respeto de tu equipo, lo que lleva al éxito.

Como líder, enfrentarás situaciones en las que debes elegir entre asumir la responsabilidad o culpar a otros. Los verdaderos líderes asumen la responsabilidad de todo lo que sucede. Si un jugador comete un error, el líder debería haberlo preparado mejor. Culpar a otros para desviar las críticas nunca es la respuesta. Recuerda, como líder, la responsabilidad final es tuya.

Cuando surjan problemas, asegúrate de no culpar a ningún individuo de manera pública. El entrenador principal o líder es responsable de solucionar los problemas. Aborda los problemas en privado, comprende por qué sucedieron y planifica para mejorar.

Por ejemplo, después de un juego, me preguntaron sobre una jugada defensiva que falló. Los medios querían que culpara a un jugador específico, pero no lo hice. En un partido contra Tampa Bay, permitimos un pase largo para *touchdown* en el segundo cuarto. El jugador más cercano al receptor fue nuestro *safety*, y todos los que desconocían la orden defensiva en el *huddle* asumieron que él tenía la culpa de haber permitido el pase de *touchdown*. Sin embargo, en la cobertura asignaba al defensa lateral la responsabilidad de la zona profunda, mientras que el *safety* debía cubrir otra área del campo. De hecho, el *safety* estuvo a punto de hacer una jugada espectacular al intentar interceptar el balón mientras estaba en el aire. Aunque todos asumieron que él fue el culpable, en realidad estuvo muy cerca de lograr algo extraordinario. Cuando me preguntaron sobre la jugada, dije: «Debo hacer un mejor trabajo y asegurarme de que todos estemos en la misma página respecto a las órdenes en el *huddle*». También le expliqué al periodista que no debería hacer suposiciones sobre quién tiene la culpa sin conocer cuál fue la orden de cobertura en el *huddle*.

Los equipos funcionan mejor cuando los líderes y los miembros se niegan a culparse entre sí. Matt Ryan ejemplifica a un líder servicial al proteger a sus compañeros de equipo y asumir la responsabilidad, incluso por errores que no son suyos. Incluso cuando un receptor corría la ruta equivocada y el pase era interceptado, Matt asumía la responsabilidad del error, aunque no fue el responsable. Su equipo sabía que él siempre los apoyaría, y como resultado, corrían y jugaban más fuerte por él.

Siempre hay un momento y lugar para abordar los errores, pero debe hacerse en privado y de manera positiva. Como dijo el entrenador de la NBA Chuck Daly: «Grita alabanzas en público y susurra críticas en privado».

El compromiso requiere sacrificio

Jon Gordon

El compromiso definitivo es el sacrificio. Para construir un gran equipo, tu equipo debe sentir que correrías hacia un edificio en llamas para salvarlos. Necesitan saber que estás dispuesto a sacrificarte por su beneficio. Los grandes líderes evitan el camino fácil y construyen sus equipos a través del servicio y el sacrificio. Esto requiere dejar de lado tu ego y amar a tu equipo. Si amas a alguien, estás dispuesto a sacrificarte por ellos. Si amas a tu equipo, harás lo que sea necesario para fortalecerlo, incluso si eso significa desgastarte a ti mismo.

Por eso admiro a Mike y su liderazgo. Es la razón por la que elegí escribir este libro con él. Conozco su carácter, integridad y los sacrificios que ha hecho. Cuando lo despidieron de los Atlanta Falcons, asumió la culpa, aunque no era el único responsable. Nadie más en la organización aceptó la responsabilidad por sus temporadas perdedoras. Ningún líder admitió alejarse de su cultura y del proceso, o que deberían haber seleccionado mejores jugadores defensivos. Solo despidieron al entrenador y lo dejaron cargar con la culpa.

Mike Smith se paró solo en el podio y dijo: «Soy el entrenador, y las victorias y derrotas son mi responsabilidad. Es mi culpa». No culpó a su gerente general, a los jugadores o al cuerpo técnico. Hizo lo que siempre había hecho en su carrera como entrenador, incluidos sus siete años con los Falcons. Puso a su equipo y organización primero y se sacrificó por ellos. Los medios y los fanáticos pueden culparlo, pero aquellos que jugaron para él y lo conocen entienden que siempre dio todo de sí y siempre lo hará. Es un líder comprometido que siempre se sacrificará por su equipo.

Capítulo 7

Cuidar

*Las relaciones forman la base de equipos
exitosos, construidas sobre valores, respeto,
amor, confianza y cuidado.*

Cuidar es una estrategia

Jon Gordon

En la biografía de Steve Jobs escrita por Walter Isaacson, hay una historia sobre Steve en la que ayuda a su padre a construir una cerca cuando era niño. Su padre insistió en cuidar la parte trasera de la cerca tanto como la delantera. Cuando Steve preguntó por qué, si nadie la veía, su padre respondió: «Pero tú lo sabrás». Esta lección sobre el cuidado influyó profundamente en Steve, quien más tarde creó productos Apple con tal esmero que inspiraron asombro, lealtad y pasión entre millones de clientes. Jonathan Ive, el diseñador de muchos productos icónicos de Apple dijo: «Creemos que nuestros clientes pueden percibir el cuidado que ponemos en nuestros productos». La dedicación de Apple por su trabajo y productos hizo que sus clientes también cuiden de ellos.

Cuidar es una de las mejores estrategias para el éxito. Las organizaciones líderes se cuidan su trabajo, productos y servicios. En mi experiencia con algunas de las empresas más exitosas del mundo, cada una tiene una forma única de mostrar cuidado (la llamo «marca de cuidado») que las diferencia de su competencia. Por ejemplo: Apple diseña productos tan fáciles de usar que mi padre de 74 años puede hacerlo sin problemas. El minorista en línea Zappos ofrece envíos y devoluciones gratuitos. USAA hace grandes esfuerzos para ayudar a sus miembros con su seguridad financiera. Los empleados de Publix ayudan a los clientes a encontrar productos en los estantes. El personal de Les Schwab Tire Centers saluda a los clientes cuando llegan. Los empleados de Chick-fil-A dicen «Con gusto» en lugar de «No hay problema». Una experiencia personal con Fitz en la tienda de ropa Rosenblum's, en Jacksonville, hizo algo para demostrarme que le importaba y nunca lo olvidaré. Compré un traje hace unos años y decidí usarlo. No solo me quedó y me sentía genial, sino que justo antes de subir al escenario a hablar encontré una tarjeta en el bolsillo con la frase: «Espero que estés haciendo algo positivo en este momento». Este pequeño gesto mostró cuidado y contribuyó a la base de clientes leales de Fitz y al próspero negocio de Rosenblum's.

Hace unos años, un carpintero que trabajaba en mi casa mencionó que había estado más ocupado que nunca durante la recesión. Tenía sentido. Es considerado el mejor de nuestra ciudad. Se destaca de la competencia por el cuidado que pone en su trabajo y su reputación de preocuparse por sus clientes. Destaca de la competencia y sigue teniendo una gran demanda. Cuando te importa, te destacas en un mundo donde muchos parecen indiferentes.

Cuida más

Jon Gordon

Cuando hablé con los Pittsburgh Pirates el año pasado, les pregunté a los jugadores: «¿Quién aquí cree que puede trabajar más duro de lo que lo hace actualmente?». Todos los jugadores levantaron la mano. Esta es una respuesta común en todos los equipos a los que les pregunté. La siguiente pregunta es: «Si sabes que puedes trabajar más duro, ¿por qué no lo haces?». La respuesta: para trabajar más duro, te tiene que importar más. Cuando te importa más, inviertes más tiempo, esfuerzo, energía y amor en las cosas y las personas que te importan. Puedes ser un buen equipo, pero para convertirte en un gran equipo, debes ser más cuidadoso. Cuida tu trabajo y su contribución al equipo. Cuida a tus colegas. Cuida la misión de tu equipo. Cuida más a las personas que lideras. Aquellos que cuidan construyen grandes cosas que importan a los demás.

Los Pittsburgh Pirates ejemplifican una organización cuidadosa. Mientras podemos medir ingresos, costos, victorias y derrotas, es difícil cuantificar el cuidado. Sin embargo, cuando experimentamos una organización que nos cuida, podemos sentir la diferencia. Lo sentimos en el ambiente, lo vemos en los mensajes en las paredes y lo escuchamos en las conversaciones con líderes y miembros del equipo. Los equipos a los que les importa piensan, actúan, lideran y ayudan de manera diferente.

Durante mi primera visita al campo de entrenamiento de pretemporada de los Pirates en 2013, acababan de ganar 94 juegos y llegar a la postemporada por primera vez desde 1992. Fue la primera vez que tuvieron un récord ganador desde 1992 y estoy convencido de que su cultura de cuidado jugó un papel importante en su éxito. Noté el «Credo de los Pirates» publicado en todas sus instalaciones, que describe las características, creencias, valores y expectativas culturales para todos en la organización.

Kyle Stark, el asistente del gerente general, me explicó que su propósito más grande es cambiar el mundo del béisbol al convertir a los chicos en hombres y desarrollar jugadores profesionales tanto dentro como fuera del campo. Me dijo: «Nuestro objetivo es ser el equipo más cohesivo del mundo y enfocarnos en el proceso de mejorar cada día». Se enfoca en el propósito, el proceso y el trabajo en equipo, no solo en los *jonrones*, victorias o derrotas.

Al igual que Southwest Airlines, Northwestern Mutual y otras grandes compañías, los Pirates entienden que la cultura, el cuidado y el propósito impulsan el éxito. Para ganar, debes enfocarte en la cultura, las personas y los procesos que producen victorias. Kyle y los Pirates también saben que no importa qué señales y mensajes tengas en las paredes si tus líderes y gerentes no los modelan y tu equipo nos los vive y respira. Debes tener líderes que cuiden a todos los demás y a todo lo que hacen.

Los Pirates realizan reuniones diarias de liderazgo durante el entrenamiento de primavera, donde el entrenador de liderazgo Rod Olson comparte consejos con todos los entrenadores. También invitan a oradores externos, como yo, para desarrollar a sus líderes y reforzar sus valores, al comprender que la cultura, el cuidado y el liderazgo están interconectados.

Cuando conocí a Clint Hurdle, el gerente del año 2013 para los Pirates, entendí por qué la cultura resonaba con sus jugadores. Clint es un hombre grande con un gran corazón destinado a ayudar. Es un exjugador de la MLB, sabe lo que se necesita para ser un ganador, pero lo más importante es que sus jugadores saben que los ama. Quiere ganar, pero se enfoca más en ayudar a sus jugadores a convertirse en ganadores. Un líder que cuida construye un equipo que cuida. Todos juntos cuidan su esfuerzo, mejoras, la organización, su cultura y se cuidan entre sí. Les importa más, así que hacen más. La cultura pudo haber sido diseñada en la oficina, pero la presencia, el entrenamiento y el cuidado de Clint hacen que cobre vida en el vestuario y en el campo. No puedo predecir el rendimiento de los Pirates este año. Las lesiones ocurren y, en los deportes, a veces las cosas no salen como esperas, pero después de experimentar su cultura de cuidado puedo predecir que todos en la organización se esforzarán por ser los mejores, lo que a menudo conduce a grandes resultados.

Crea una cultura de cuidado

Jon Gordon

Para construir un equipo ganador, es esencial cultivar una cultura de cuidado. Como líder, debes demostrar un cuidado verdadero. Cuando cuidas, inspiras a otros a hacer lo mismo. Encuentra maneras de llegar a los demás y ayudarlos. Puedes escribir una nota; hacer una llamada; hacer lo posible para ayudar a alguien; superar las expectativas. Las personas reconocen cuando haces un esfuerzo adicional para mostrarles que son importantes. Gestos simples como una sonrisa, una palabra de aliento, pasar cinco minutos con alguien, resolver un problema, escuchar a un empleado, sacrificarse por un amigo o ayudar a un miembro del equipo en un momento difícil pueden tener un impacto significativo. Nunca subestimes la importancia de hacer que alguien se sienta especial. A medida que desarrollas una reputación de cuidado y la gente espera más de ti, continúas superando sus expectativas. Cada acto de cuidado envía el mensaje «Estoy aquí para amarte y ayudarte», lo cual atrae más amor y éxito. Tu equipo disfrutará trabajar contigo y la gente compartirá historias positivas sobre ti. Los autores incluso podrían escribir libros sobre ti. Cuidar es la estrategia definitiva para construir equipos. Para la mayoría es complicado, pero en verdad, es simple:

1. Cuida tu trabajo.

2. Rodéate de personas que cuidan.

3. Muestra a tu equipo que te importan.

4. Construye un equipo que se cuide entre sí.

5. Juntos, muestren a sus clientes, seguidores, estudiantes o pacientes que les importan.

Al hacer del cuidado una estrategia y fomentar una cultura de cuidado, destacamos y creamos un éxito duradero.

Demuestra que te importa

Mike Smith

Estoy completamente de acuerdo con Jon. Para construir un equipo exitoso, debes demostrar que te importa. Esto puede parecer obvio y simple, pero a menudo se pasa por alto. Estamos ocupados, estresados, pensamos en nosotros mismos y no tenemos tiempo para demostrarles a los otros que nos importan. Cuando te importa alguien, lo haces sentir importante. Demuestras a tu equipo que te importa al estar presente y darles toda tu atención. Es importante sentir un interés sincero en sus vidas profesionales y personales. Las interacciones uno a uno, aunque no siempre sean posibles a diario, se acumulan con el tiempo y demuestran tu interés. Cuando tu equipo siente que te importa, darán su mejor esfuerzo.

El mejor indicador de que a alguien le importa no es lo que dicen de sí mismos, sino lo que otros dicen de ellos. ¿Los demás dicen que te importa? ¿Pueden identificar maneras en las que lo demuestras? Jon me dijo que preguntó a varios de mis jugadores cómo mostraba yo que me importaban. Mencionaron que los escuchaba, los visitaba en la sala de tratamiento, les dedicaba tiempo y me preocupaba por ellos como personas, no solo como jugadores. Sentían que los respaldaba y hacía todo lo posible para ayudarlos a tener éxito. Aunque no soy perfecto y no me gusta hablar de mis logros, me enorgullece que mi equipo sepa que me importaban. En última instancia, lo que más importa es el impacto que tenemos en las vidas de los demás. Los entrenadores que se preocuparon por mí son los que más recuerdo.

Tuve la suerte de tener entrenadores, amigos y familiares que realmente se preocuparon por mí. Estas personas tomaron un interés especial en mí y compartieron su conocimiento y experiencias, que me moldearon en el entrenador y la persona que soy hoy. No me habría convertido en un entrenador de la NFL sin ellos.

Uno de mis mentores, el entrenador de secundaria Phil Richart, me enseñó la importancia de ser un líder que se preocupa. Durante mi último año en Father Lopez High School, una lesión terminó con mi carrera de fútbol americano y arruinó mis esperanzas universitarias. De más está decir, estaba destrozado. Mi escuela secundaria tenía un personal pequeño de seis entrenadores, dos de los cuales eran voluntarios. Siempre tuve interés en ser un entrenador, incluso desde muy chico. Mi padre era entrenador de secundaria y crecí rodeado de prácticas desde los cinco años. El entrenador Richart me permitió participar en algunas tareas de entrenamiento, como las reuniones con los defensa. Me llevó a viajes de exploración para observar a los próximos rivales y me permitió trabajar con los jugadores. Me demostró que le importaba más allá de lo que pudiera aportar en el campo y me brindó mis primeras experiencias prácticas en el entrenamiento. Me enseño a ser un líder que se preocupa por los demás.

Hasta que falleció en agosto de 2013, el entrenador Richart me enviaba mensajes de texto con críticas, consejos y palabras de aliento después de cada juego que entrenaba con los Atlanta Falcons. Sus mensajes mostraban que aún le importaba. Hablando de mensajes y de cuidado, mi madre también es una gran mujer que se preocupó por mí y me enseñó la importancia de preocuparse por los demás. Durante un partido contra los New Orleans Saints, íbamos ganando en el último cuarto, los Saints habían avanzado un par de veces hasta obtener los primeros *downs* y todo comenzaba a inclinarse a su favor, con menos de dos minutos por jugar. Nuestro defensa lateral derecho, Brent Grimes, hizo una jugada espectacular al interceptar el pase de Drew Brees dentro de nuestra línea de 15 yardas. Cuando Brent hizo la jugada, por supuesto, nuestra banca y los fanáticos en el Georgia Dome se volvieron locos. Pero al finalizar la jugada, vi una bandera de penalización alzada por el árbitro de fondo. Nos marcó una interferencia de pase defensiva. Perdí la calma y lancé mis auriculares en el césped, que se rompieron en pedazos. Con la ayuda de nuestro encargado de equipo, traté de levantarlo y armarlo nuevamente mientras el asistente de equipo intentaba darme un auricular de repuesto. Fue un momento caótico durante unos 30 segundos. Estoy seguro de que fue toda una escena para los que me observaban, el entrenador perdiendo la calma. Finalmente, logramos limpiar el desorden y conseguimos evitar que los Saints aportaran para ganar.

Después del partido hablé con el equipo y tuve mi reunión habitual posterior al juego con nuestro vicepresidente de comunicaciones Reggie Roberts, antes de ir a la rueda de prensa. La luz del mensaje de mi teléfono celular comenzó a parpadear. Vi que era un mensaje de texto de mi madre. No creo haber recibido un mensaje de mi mamá antes de ese día. Cuando lo abrí, comenzaba con «KENNETH MICHAEL», déjame decirte, cuando mi madre me llama por mi primer nombre y el segundo, sé lo que está a punto de suceder. El mensaje continuaba con: «TU PADRE Y YO NO TE CRIAMOS PARA QUE ACTUARAS ASÍ EN FRENTE DE CIENTOS DE MILES DE PERSONAS. NO DISTE UN MUY BUEN EJEMPLO A TU HIJA, A TUS SIETE HERMANOS Y A TUS ONCE SOBRINOS». Creo que probablemente entiendas la idea de su mensaje. No hace falta decir que mi mamá siempre será mi mamá. No importa cuántos años tenga, esta fue una vez en la que desee que el teléfono nunca se hubiera inventado, pero se preocupaba, y la amo por eso.

Más que un uniforme y un número

Mike Smith

Para construir un equipo ganador, valora a cada miembro por lo que son, no solo por su papel. Piensa en ellos como individuos, no solo como uniformes o números. Evita ver a tu equipo como simples X y O en una pizarra o costos en una hoja de cálculo. Ya sean atletas profesionales, becarios universitarios, empleados de una empresa o jugadores de secundaria, recuerda que detrás de cada uniforme o traje hay una persona con dificultades, problemas personales, dolor, heridas y necesidades humanas. Todos, sin importar su éxito, buscan aprecio, respeto y cuidado. Todos quieren saber que les importas. Todos quieren ser amados.

Los buenos entrenadores entienden estrategias, pero los grandes entrenadores conocen a sus jugadores. Como líder, es tu deber conocer y cuidar a los miembros de tu equipo. A pesar de la presión por ganar, recuerda que el éxito proviene de las relaciones y conexiones humanas. Cuando ves a tu equipo como más que números, ellos te corresponderán. Serán leales, trabajarán más duro y querrán colaborar porque te importan. Las relaciones son la base de los equipos ganadores, construidas sobre el valor, el respeto, el amor, la confianza y el cuidado.

Transaccional frente a transformacional

Mike Smith

Como líder, una decisión crucial es si adoptar un enfoque transaccional o transformacional. Joe Ehrmann es un exjugador de la NFL con los Baltimore Colts, a quien tuve la oportunidad de escuchar hablar cuando era asistente de los Ravens. También es el autor de *InSideOut Coaching*, distingue claramente entre estos dos estilos de liderazgo. Los entrenadores transaccionales ven a sus equipos como herramientas para tener éxito y ganar. Se enfocan en cómo los miembros del equipo pueden ayudarlos a avanzar en sus carreras como entrenadores y alcanzar objetivos personales. Su principal preocupación es el crecimiento profesional y la mejora de su ego. En contraste, los entrenadores transformacionales buscan desarrollar a cada miembro del equipo para que alcance su mejor versión. Creen que su papel es ayudar y nutrir a su equipo para fomentar tanto el crecimiento de habilidades como el carácter. Aunque también buscan la victoria, su objetivo principal es transformar vidas y apoyar a sus miembros del equipo. Curiosamente, los líderes transformacionales a menudo logran el éxito a largo plazo al enfocarse en el desarrollo personal y el crecimiento del equipo. Si bien los entrenadores transaccionales pueden ver victorias a corto plazo, sus métodos no son sostenibles. En cambio, los entrenadores transformacionales consiguen un éxito duradero porque invierten en la base de su equipo.

Amor exigente

Jon Gordon

Leí el libro de Joe Ehrmann, *InSideOut Coaching*, y transformó mi perspectiva como padre, líder y persona. Como atleta, mi identidad estaba ligada a mi rendimiento y victorias. Me di cuenta de que imponía las mismas expectativas a mis hijos, al enfocarme en su rendimiento para mi propia validación, en lugar de su desarrollo personal. Esta realización me llevó a convertirme en un padre transformacional, lo que mejoró significativamente nuestra relación. Ser un líder transformacional y cariñoso no significa que eres débil y que puedes evitar los desafíos. Al contrario, porque te importa, empujas a tu equipo a alcanzar su máximo potencial. El amor significa no permitirles conformarse con la mediocridad y esperar más de ellos.

Abogo por el amor exigente, pero el amor debe ser lo primero. Cuando tu equipo sabe que te importa, aceptarán tus desafíos para mejorar. Los grandes líderes practican el «amor firme», no el «amor exigente». Invierten profundamente en los miembros de su equipo y ganan el derecho a desafiarlos y ayudarlos a lograr más de lo que pensaban posible. Al construir relaciones sólidas, puedes animar y desafiar a tu equipo a crecer y convertirse en su mejor versión.

Descubre tu marca de cuidado

Jon Gordon

Cuidar es una estrategia, y las empresas más exitosas tienen una manera única de mostrar que cuidan a las personas, algo que yo llamo una *marca de cuidado*. Los grandes líderes que construyen equipos ganadores también tienen una marca de cuidado. Si has seguido la carrera de Derek Jeter y viste su increíble hit para ganar el juego en su último turno al bate en el Yankee Stadium, sabes que Derek trató cada turno al bate como si fuera el último y esto es lo que hizo tan especial su último turno. Nadie trabajó más duró, jugó con más pasión ni se preocupó más por honrar el juego del béisbol. Su entrega, pasión, compromiso y ética de trabajo se han convertido en su marca de cuidado durante los últimos 20 años.

De manera similar, Doug Conant, como CEO de Campbell Soup, escribió más de 10 000 notas de agradecimiento a los empleados. La educadora Rita Pierson animaba y creía en sus estudiantes, una marca de cuidado que discutió en una memorable charla TED que sigue siendo uno de mis discursos favoritos de todos los tiempos. Aunque falleció, su legado y su marca de cuidado perduran en sus estudiantes. Scott Hudson, CEO de Gallagher Bassett, escribe un boletín personal semanal a más de 5000 empleados en el que fomenta la comunicación abierta. Drew Watkins, superintendente de Prosper ISD, escribe notas personales a cada estudiante que se gradúa. El año pasado cuando les pregunté a los maestros cómo obtiene información para saber qué escribir, me dijeron que los conoce personalmente. No tiene una memoria sobrehumana, simplemente se preocupa y se toma el tiempo para conocer a sus estudiantes. La marca de cuidado de Dabo Swinney es la confianza que inspira en sus jugadores: cree tanto en ellos que ellos terminan creyendo en sí mismos. Cori Close, la entrenadora del equipo de baloncesto femenino de UCLA, tuvo una vez una jugadora que estaba enferma en el hospital. Cori se quedó con ella todo el tiempo. Su marca de cuidado es que trata a sus jugadoras como si fueran de la familia. Lo mismo ocurre con Sherri Coale, entrenadora del equipo de baloncesto femenino de la Universidad de Oklahoma, y Rhonda

Revelle entrenadora del equipo de sóftbol de la Universidad de Nebraska. Ellas invierten tanto tiempo y energía en desarrollar el carácter y la mentalidad de sus jugadores como en mejorar sus habilidades atléticas.

La lista de marcas de cuidado es interminable. Alguien podría escribir un libro sobre todas las formas únicas en que las grande organizaciones y líderes demuestran que se preocupan, pero incluso si se escribiera ese libro, no querría que copies a alguien más. La clave es que crees la tuya propia.

Reflexiona sobre quién eres y qué representas. Identifica formas en las que te encanta mostrar que te importa. Decide cómo quieres marcar la diferencia y por qué quieres que te conozcan. Tu marca de cuidado debe expresar tu identidad, demostrar tus valores en acción y reflejar tu misión de servir a los demás. Mostrar que te importa a tu manera única te ayudará a construir un equipo ganador.

Si a ti te importa, a tu equipo también

Mike Smith

Cuidar de tu equipo fomenta relaciones sólidas y es contagioso. Cuando te importa, a tu equipo le importará también. Experimenté esto con los Falcons. Independientemente de nuestro récord, ya fuera 8-4 o 4-8, nuestro esfuerzo y compromiso con ganar se mantenían constantes. Aunque los medios pueden no haberlo notado y muchos de los que solo se enfocaron en nuestro récord de victorias y derrotas no mostraron interés por nuestro esfuerzo, a mi me importaba que a nuestro equipo le importara. Esta dedicación indicaba que no habíamos perdido la moral en el vestuario. Ganar en el vestuario no siempre se traduce en victorias en el campo. Muchos factores influyen en el resultado, y a veces, las cosas simplemente no salen como uno quiere. A veces se vive una temporada extraña, como cualquier entrenador puede confirmar, pero descubrí que preocuparse y fomentar un ambiente positivo en el vestuario aumenta significativamente la probabilidad de ganar el marcador. Cuando te importa, construyes un equipo al que constantemente le importa y se esfuerza, juega con intensidad sin importar su récord. Con el tiempo, esto crea consistencia en el esfuerzo, lo que lleva al éxito a largo plazo.

EL MODELO

Las 7 «C» para construir un equipo ganador y las 2 gran «C» que guían el proceso

La gran «C»

No es una de las 7 «C» porque está en una clase aparte. Es la «C» que une a todas las otras «C» y transforma principios e ideas en acción y, en última instancia, en un equipo ganador. Todo se reduce a la gran «C»: capacitar.

A pesar del énfasis en el liderazgo en deportes, negocios, atención médica y educación, la importancia de la capacitación a menudo se pasa por alto. Sin embargo, es un aspecto crucial del liderazgo efectivo. Ahora más que nunca, los líderes deben entrenar a los equipos que dirigen para ayudarlos a crecer y convertirse en mejores líderes. Los verdaderos líderes no crean seguidores. Crean más líderes. Y esto se logra a través de una excelente capacitación. Ya sea un equipo ejecutivo en una empresa la lista *Fortune 500*, un equipo deportivo, un equipo de sala de urgencias, una unidad militar o el personal de una escuela, capacitar es vital. La capacitación efectiva implica desarrollar, orientar, alentar y guiar a los miembros del equipo, lo que no solo mejora sus habilidades, sino que también fortalece las relaciones y mejora el rendimiento organizacional.

Crear una cultura positiva a través de capacitaciones constantes y optimistas construye confianza y conexión dentro del equipo. Al apoyar a los miembros del equipo en los desafíos y mostrar compromiso con su crecimiento, los líderes demuestran su dedicación. Cuidar del equipo y ayudarlos a alcanzar su potencial beneficia tanto a los individuos como a la organización.

Independientemente de tu posición, capacitar a otros para que sobresalgan es esencial. Los directores de escuela deben capacitar a los maestros para ser mejores, lo que lleva a un mejor rendimiento estudiantil. Los líderes de empresas deben invertir tiempo en capacitar a sus equipos para fomentar mejores relaciones, compromiso y rendimiento general. Los gerentes deben ayudar a sus empleados a identificar y alcanzar sus metas, lo que permite el crecimiento personal y organizacional. En los negocios, incluso los empleados de atención al cliente pueden capacitar a los clientes para fomentar la lealtad a largo plazo.

Aunque muchos entrenadores deportivos leen libros de negocios y liderazgo, los líderes de negocios, educación y organizaciones sin fines de lucro también pueden aprender sobre capacitaciones en el mundo del deporte. Como señaló Billy Graham, un entrenador puede impactar a más personas en un año que la mayoría en toda una vida. Los maestros y entrenadores a menudo hacen diferencias significativas en la vida de las personas, pero rara vez escuchamos sentimientos similares sobre gerentes o CEO. Esto puede cambiar si los líderes invierten en capacitar a otros como lo hacen los grandes entrenadores deportivos. Los grandes entrenadores tienen éxito al sacar lo mejor de los demás, y tú puedes usar las 7 «C» para convertirte en un gran entrenador hoy.

La otra gran «C»

Casi no incluimos esta «C» en el libro porque pensamos que todos saben lo crucial que es el carácter para construir un gran equipo. Incluso el mejor entrenador no puede alcanzar su potencial si su equipo carece de carácter. Dado que muchos líderes se enfocan más en el talento que en el carácter, sentimos que era necesario analizarla. Sin *carácter*, no puedes entrenar a un equipo hacia el éxito, construir una gran cultura o usar de manera efectiva las otras «C».

En los deportes y los negocios, un individuo talentoso con fallas de carácter puede tomar decisiones que impacten de manera negativa a todo el equipo. Por lo tanto, es esencial construir un equipo con talento y carácter. El talento por sí solo no es suficiente; es como un coche de carrera sin volante o un coche caro sin gasolina. El carácter dirige el talento hacia la grandeza. Las personas que son humildes, trabajadoras, honestas, dedicadas, desinteresadas, leales, apasionadas y responsables desarrollarán su talento y tomarán decisiones que beneficien al equipo. El carácter guía y motiva a los miembros del equipo a ser su mejor versión y sacar lo mejor de los demás.

John Wooden y Mike Krzyzewski (Coach K) son ejemplos destacados de entrenadores que construyeron sus equipos con individuos talentosos y de gran carácter. Su éxito a largo plazo se debe a este enfoque. Entendieron que los estudiantes y atletas con gran carácter eran fundamentales para construir un equipo y una cultura ganadora. La comunicación, conexión, compromiso y cuidado eran los elementos que unían al equipo. Reclutaron jugadores con tanto talento como carácter y lo desarrollaron aún más. No los veían como un producto terminado, sino que desarrollaron tanto su carácter como su talento.

Si en estos momentos tu equipo tiene individuos con mal carácter, prioriza desarrollarlo. Los entrenadores de secundaria pueden no tener el lujo de reclutar solo jugadores de gran carácter, pero tienen la oportunidad de desarrollar su carácter e impactar sus vidas. Apunta a desarrollar su carácter para que se conviertan en el tipo de personas que un Coach K querría reclutar. Dale a cada persona la oportunidad de convertirse en un individuo de gran carácter. Haz del desarrollo del carácter parte de tu enseñanza. Usa la gran «C» para desarrollar la otra gran «C». Capacita para desarrollar carácter. Sin embargo, si alguien no está dispuesto a mejorar y sus decisiones perjudican al equipo, puede que necesites dejarlo ir. Evita el desastre si es posible, pero si ocurre, no dejes que afecte al resto del equipo. Incluso después de sacarlos del equipo, puedes ayudarlos a convertirse en su mejor versión. El carácter no solo construye grandes equipos, sino también grandes personas.

Más allá de las 7 «C»

Existen otros principios para crear un equipo ganador además de las 7 «C» que, si bien no comienzan con esa letra, estaría mal no mencionarlos. A continuación encontrarás nuestras áreas clave de enfoque y cosas a considerar al construir tu equipo.

Integridad

Jon Gordon

En 2014, asistí a la cena de inducción al Salón de la Fama de Cornell, donde escuché a David Eckel, campeón de campo traviesa y atletismo, compartir una historia del otoño de 1955 durante el Campeonato Heptagonal en Van Cortlandt Park, Nueva York. David relató que lideraba la mayor parte de la carrera junto a su compañero de equipo Michael Midler, mientras Doug Brew de Dartmouth iba 55 metros detrás. Con 1,5 kilómetros por recorrer, David y Michael se desviaron. Doug, al darse cuenta, les gritó: «¡Están fuera de curso! ¡Van por el camino equivocado!». Gracias a esto, David y Michael volvieron al camino correcto y terminaron en primer y segundo lugar, mientras que Doug llegó tercero. Ese año, Cornell ganó el campeonato individual y por equipos, algo que no hubiera sido posible sin la integridad de Doug. David comentó que eligió hablar de Doug porque sabía que su ingreso al Salón de la Fama no habría sucedido sin la ayuda y honestidad de su competidor. Doug, por su parte, nunca se arrepintió de su gesto, ya que sentía que era lo correcto y que sus competidores de Cornell habrían hecho lo mismo por él.

Doug Brew podría haber dejado que su competencia tomara el camino equivocado y convertirse en un campeón. En cambio, se convirtió en el campeón de integridad. Sesenta años después, la gente todavía comparte esta historia y habla de ella. Cuando lideras con integridad, no siempre ganarás, pero siempre harás lo correcto. Al liderar tu equipo, debes preguntarte: «¿Estoy construyendo este equipo para el corto plazo o el largo plazo? ¿Quiero gratificación inmediata o éxito sostenido? ¿Lideraré con integridad o violaré mis principios y comprometeré mi ética?». Hay mucha tentación de tomar decisiones que lleven al éxito material, pero, lamentablemente, cuando haces esto perderás tu alma en el proceso. Podrás ganar hoy, pero perderás a largo plazo. Recuerda que liderar con integridad genera un poder inmenso. Puede que no se manifieste este año o el próximo, pero con el tiempo, ese poder dará grandes resultados. Solo hay una forma de construir un equipo ganador, y es hacerlo de la manera correcta. Mantente firme. Lidera con integridad. Haz lo correcto. Te alegrarás de haberlo hecho.

Sé apasionado, no emocional

Mike Smith

Existe una diferencia entre pasión y emoción: el primero involucra *creer* en algo, mientras que el segundo se trata sobre los *sentimientos* que genera. Debes ser un líder apasionado que toma decisiones con base en las creencias y los principios, no por los sentimientos. Si crees en algo es porque atravesaste un proceso para llegar hasta allí. Cuando algo te apasiona, tienes experiencia y las decisiones que tomas son informadas. En cambio, la emoción hace que te comportes de forma ilógica e imprevista, sin tanto pensamiento. Las emociones son difíciles de controlar y suelen debilitar tu liderazgo. Sin embargo, la pasión es el motor que te empuja a ser un gran líder para construir un equipo ganador.

Crea tu propio estilo de liderazgo

Mike Smith

En los deportes, hemos visto muchas veces cómo un asistente exitoso de un programa destacado es contratado por otro equipo y fracasa rotundamente. Esto ocurre tanto en el deporte como en los negocios. El motivo principal del fracaso es que estos nuevos líderes intentan imitar el estilo de liderazgo del entrenador o CEO de su antiguo trabajo, en lugar de ser auténticos. Creen que si hacen exactamente lo mismo obtendrán los mismos resultados, pero una y otra vez se demuestra que esto lleva al desastre. Es difícil ser un líder genuino si tomas decisiones basadas únicamente en cómo lo hacía alguien más. Cada equipo u organización es diferente, con estructuras de liderazgo y culturas organizacionales únicas. Para liderar con éxito, debes ser fiel a ti mismo y usar tus experiencias para moldear tu propio estilo de liderazgo. Es posible que lo que funcionó para otro líder no funcione para ti. Cada líder tiene una personalidad, trayectoria y contexto que lo hacen único, y tratar de replicar ese enfoque sin haber vivido las mismas experiencias no dará resultado.

Cuando me convertí en entrenador principal de los Atlanta Falcons, adopté ideas, rutinas y principios de los grandes líderes con los que trabajé y admiré, pero construí un marco que se adaptara a mi estilo y personalidad. Tomé todas las lecciones y experiencias acumuladas a lo largo de los años y las hice mías. Para liderar con éxito, debes ser auténtico. Debes crear tu propio estilo y tendrás más posibilidades de construir un equipo ganador.

Liderar en lo grande y en lo pequeño

Jon Gordon

El macroliderazgo se enfoca en la cultura, la visión, la estrategia y la capacidad de liderar a nivel organizacional, mientras que el microliderazgo se centra en liderar a nivel de equipo y personal. Cada uno requiere un conjunto diferente de habilidades. Durante una visita a West Point, aprendí que cuando los cadetes se gradúan, suelen ser mejores en macroliderazgo que en microliderazgo. Al igual que muchos líderes y gerentes necesitan aprender a capacitar, liderar y construir sus equipos a nivel interno. Al reflexionar sobre tu propio liderazgo, es útil considerar ambos niveles: macro y micro.

Hoy en día, el microliderazgo es más importante que nunca para construir equipos y organizaciones exitosas.

Lidera a tus líderes

Jon Gordon

Reconozco que no todos los que leen este libro son entrenadores principales, CEO o líderes máximos. Muchos estamos en posiciones donde ayudamos a liderar un equipo, pero no estamos en la cima del organigrama. A mí también me pasa, incluso en casa soy el segundo al mando. Sin embargo, he aprendido que, sin importar tu función en la organización, puedes liderar desde donde estás y ayudar a tus líderes a ser mejores. Por ejemplo, al graduarse de West Point, un cadete es comisionado como oficial y asignado a liderar un pelotón. Los cadetes de West Point son alentados a escuchar el consejo de sus suboficiales (NCO), expertos en microliderazgo. Un oficial me contó que su suboficial lo capacitó y le dio consejos de liderazgo en privado, lo que marcó la diferencia en la relación con su pelotón. Admiro profundamente a los suboficiales que, sin tener el título de oficial comisionado, capacitan y sirven a sus líderes de manera poderosa. El liderazgo también consiste en influir desde donde estás, independientemente de tu título, rango o posición.

Mi amigo Brendan Suhr, asistente de Chuck Daly en los Detroit Pistons (equipo campeón de la NBA) y en el Equipo de Ensueño Olímpico, ejemplifica esto. Aunque no era el líder oficial, Brendan entrenaba tanto al líder como al equipo y lograba el éxito de ambos. Quien conoce a Brendan sabe que ha pasado toda su vida en el rol de liderar al líder. Su título es entrenador asistente, pero su liderazgo e influencia son de suma importancia. Brendan me dijo que una sugerencia, una pregunta, una historia, una recomendación del libro y un consejo detrás de escena pueden hacer toda la diferencia. Incluso hoy, como líder de Coaching U. Live, ayuda a los entrenadores a mejorar y a construir equipos más sólidos. Si quieres construir un equipo ganador, habrá momentos en que debas liderar a tu líder y fortalecerlo.

Concéntrate en el proceso

Jon Gordon

Cuando me preguntan cuánto tiempo lleva convertirse en un éxito «de la noche a la mañana», respondo que al menos 10 años. No existe tal cosa como el éxito instantáneo. El éxito requiere tiempo, esfuerzo y perseverancia. Construir un equipo y una organización ganadora demanda determinación y constancia. Por ejemplos: Starbucks tardó 13 años en abrir su quinta tienda; Sam Walton abrió su segunda tienda siete años después de fundar su empresa; Dr. Seuss estuvo a punto de quemar el manuscrito de su primer libro tras ser rechazado por 27 editoriales (afortunadamente no lo hizo); y John Wooden tardó casi dos décadas en ganar su primer campeonato con UCLA. En el boletín semanal del curso de John R. Wooden (woodencourse.com), *Wooden's Wisdom*, Craig Impelman compartió su experiencia:

> *15 de marzo de 1963; Provo, Utah: Arizona State derrota a UCLA 93-79 en el primer partido del Torneo Regional Oeste de la NCAA... y el marcador final hizo que el juego pareciera más parejo de lo que realmente fue. Arizona*

State iba ganando 62-31 en el descanso. Esa temporada era la décima séptima de Coach Wooden en UCLA; esa aparición era su quinta en el torneo de la NCAA. Y en esos partidos, tenía un doloroso récord de solo tres victorias y nueve derrotas. Pero algo era diferente en este juego en particular. Coach Wooden acababa de agregar una nueva dimensión a su defensa: una presión de zona 2-2-1 a cancha completa, diseñada para obligar a los equipos a lanzar rápidamente. Funcionó a la perfección en el juego contra Arizona State; los Sun Devils se vieron forzados una y otra vez a lanzar rápidamente. Desafortunadamente para UCLA, no fallaron ni un solo tiro. Pero a Coach Wooden le gustó lo que vio.

1. *«En mi opinión, una calificación recibida en clase no es una forma más válida de juzgar el éxito de un estudiante que un marcador de un evento deportivo. Puede determinar a un ganador, pero no necesariamente el éxito».*

2. *«Si realmente das lo mejor de ti, y solo tú lo sabes, entonces eres exitoso y el puntaje real no importa, ya sea favorable o desfavorable».*

El entrenador Wooden dijo que, aunque Arizona State superó rápidamente la presión y estuvo muy acertado con los tiros, le gustó el impacto que la presión tuvo sobre ellos. Creía que Arizona State simplemente había tenido un excelente día de tiros y que habrían sido igual de efectivos contra cualquier defensa que hubiera planteado. A pesar del marcador en contra de su propio equipo, el entrenador estaba muy contento con la forma en que la presión 2-2-1 aceleró el juego. Decidió que, a pesar de la derrota, mantendría la presión 2-2-1 y la traería de vuelta al año siguiente como el principal activador de su defensa. 20 de marzo de 1965; Nueva York: El mejor jugador de secundaria del país, Lewis Alcindor (más tarde conocido como Kareem Abdul-Jabbar), ve la transmisión de UCLA en donde ganó su segundo campeonato nacional consecutivo, al derrotar a Michigan 91-80 con su ahora famosa presión 2-2-1 para acelerar el juego. Alcindor decide que UCLA podría ser el lugar donde quiere jugar porque le gusta su estilo de presión/contraataque. 31 de marzo de 1975; San Diego, California: UCLA derrota a Kentucky 92-85 y le da al entrenador Wooden su décimo Campeonato Nacional en los últimos 12 años. Desde esa derrota contra Arizona State en 1963, el entrenador Wooden ha logrado un récord de 44 victorias y solo una derrota en el Torneo de la NCAA. Esto incluye siete campeonatos nacionales consecutivos y 38 victorias seguidas en partidos de torneo, y la presión 2-2-1 había sido un ingrediente clave. A veces, cuando un individuo, equipo o negocio enfrenta una derrota, quieren cambiar su estrategia y probar algo nuevo solo porque no están satisfechos con los números finales. En lugar de considerar el panorama general de las lecciones aprendidas o las implicaciones del juego, se apresuran a adoptar algo diferente solo porque están ansiosos por ver un resultado distinto en el marcador. A esos pensadores a veces se los conoce como «El club de la idea del mes». Los fanáticos de UCLA tienen suerte de que la definición de éxito de John Wooden evitó que se uniera a ese club.

John Wooden se enfocaba en el proceso, no en el resultado. De hecho, nunca se centró en ganar. Su atención estaba en la cultura, el proceso, los principios, las personas y la construcción del equipo que generan victorias. Como resultado, ganó mucho. Sí, tomó tiempo, pero sus principios y su enfoque sentaron las bases para un éxito sostenido e increíble.

Olvida el pasado, concéntrate en lo fundamental

Jon Gordon

Los fracasos pasados no determinan fracasos futuros, de la misma forma que los éxitos pasados no determinan éxitos fututos. El éxito futuro se determina por tus acciones de hoy. Para crear un equipo ganador, los jugadores y el personal deben olvidarse de los resultados pasados y recordar las cosas que hicieron para mejorar. Mi amigo James Clear escribió en su blog JamesClear.com un artículo sobre Vince Lombardi y los Green Bay Parckers que ejemplifica esto:

> *Era julio de 1961 y los 38 miembros del equipo de fútbol americano de los Green Bay Packers se habían reunido para el primer día del campamento de entrenamiento. La temporada anterior había terminado con una derrota desgarradora, cuando los Packers desperdiciaron una ventaja en los últimos minutos del último cuarto y perdieron el Campeonato de la NFL ante los Philadelphia Eagles. Los jugadores de Green Bay pensaban en esta dolorosa derrota durante toda la temporada baja y ahora, finalmente, había llegado el campamento de entrenamiento y era hora de ponerse a trabajar. Los jugadores estaban ansiosos por llevar su juego al siguiente nivel y comenzar a trabajar en los detalles que los ayudarían a ganar un campeonato. Pero su entrenador, Vince Lombardi, tenía*

una idea diferente. En su libro más vendido, «When Pride Still Mattered: A Life Of Vince Lombardi», el autor David Maraniss explica lo que sucedió cuando Lombardi entró al campamento de entrenamiento en el verano de 1961. No dio nada por sentado. Comenzó una tradición de partir de cero, asumía que los jugadores eran una pizarra en blanco que no retenían ningún conocimiento del año anterior... Comenzó con la afirmación más elemental de todas. «Señores», dijo, sosteniendo un balón de fútbol en su mano derecha, «esto es un balón de fútbol». Lombardi estaba entrenando a un grupo de tres docenas de atletas profesionales que, solo unos meses antes, habían estado a minutos de ganar el premio más grande que su deporte pudiera ofrecer. Y, sin embargo, comenzó desde el principio.

La meticulosa cobertura de los fundamentos por parte de Lombardi continuó durante todo el campamento de entrenamiento. Cada jugador repasó cómo bloquear y taclear. Abrieron el libro de jugadas y empezaron desde la página uno. En un momento, Max McGee, el receptor de Pro Bowl de los Packers, bromeó: «Entrenador, ¿podría ir un poco más despacio? Va demasiado rápido para nosotros». Se dice que Lombardi sonrió, pero siguió con su obsesión por lo básico sin detenerse. Su equipo se convertiría en el mejor de la liga en las tareas que los demás daban por sentadas. Seis meses después, los jugadores alzaron en los hombros a Vince Lombardi después de que los Green Bay Packers derrotaran a los New York Giants 37-0 para ganar el Campeonato de la NFL de 1961. La temporada de 1961 marcó el comienzo del reinado de Vince Lombardi como uno de los mejores entrenadores de fútbol americano de todos los tiempos. Nunca volvería a perder en los playoffs.

Más allá de las 7 «C»

En total, Lombardi ganó cinco Campeonatos de la NFL en un período de siete años, incluidos tres consecutivos. Nunca entrenó un equipo con récord perdedor.

El pasado ya pasó. Cada año es un nuevo comienzo para concentrarse en el proceso, desarrollar lo fundamental y construir un equipo ganador.

Mantente fuerte

Mike Smith

Como líder, es esencial proporcionar a tu equipo la perspectiva adecuada, especialmente después de una derrota. Todos los grandes equipos experimentarán pérdidas en su camino; solo un equipo puede ganar el campeonato cada año. Escribí este libro tras siete temporadas con los Falcons. Gané mucho en mis primeros cinco años. Algunos podrían decir que perdí los últimos dos, pero no lo veo así. He aprendido mucho y sé que, independientemente de lo que decida hacer en el futuro, seré más sabio, fuerte y capaz de ayudar a más personas a aprender de mis victorias y derrotas. Esta mentalidad también la compartí con mis equipos. Cuando perdíamos, analizábamos las razones y buscábamos formas de mejorar. Cada derrota era una oportunidad de aprendizaje, y debíamos mantenernos fuertes y positivos para avanzar. La actitud y creencias de tu equipo determinan cómo afrontan los contratiempos, desafíos y derrotas. Por eso, desde el principio, es tan importante cultivar su sistema de creencias como lo es trabajar en estrategias ofensivas o defensivas. Cuando llegan los malos momentos, ese sistema de creencias será lo que los mantendrá firmes y los ayudará a triunfar.

Contaminación cultural

Jon Gordon

Los líderes a menudo me preguntan cuánto tiempo lleva cambiar una cultura. Mi respuesta es: cuanto más alineados estén todos, menos tiempo tomará. Si todos adoptan tu visión, propósito y sistema de creencias, el cambio cultural puede suceder muy rápido. Si tienes vampiros de energía en tu equipo, el proceso llevará más tiempo, y probablemente no podrás cambiar completamente la cultura hasta que ellos cambien o se vayan. Cuanto más rápido transformes o elimines a los vampiros del equipo, más rápido transformarás la cultura. Permitir que personas de la cultura antigua contaminen la nueva prolongará el cambio y dificultará la construcción de un equipo exitoso. Para construir un equipo ganador, es fundamental que todos estén comprometidos al 100 % y no puedes permitir que personas negativas de la cultura anterior afecten la mentalidad que estás tratando de construir. Lo último que quieres es que veteranos negativos contaminen a los nuevos integrantes positivos. Esto aplica tanto en deportes como en negocios y escuelas. He tenido la oportunidad de trabajar con Insight Global, la empresa de reclutamiento tecnológico de mayor crecimiento en Estados Unidos, y descubrí que no contratan personas externas a la compañía. Su cultura es clave para su éxito, y no quieren que nuevos empleados traigan energía negativa que contamine su cultura. Por ello, contratan a personas recién graduadas que se ajustan a su cultura y las desarrollan y promueven internamente. Su éxito y trayectoria avalan este enfoque.

No te concentres en ganar campeonatos, sino en desarrollar campeones

Jon Gordon

Lo escuchamos todo el tiempo. Los entrenadores dicen: «Vamos a ganar un campeonato». Los jugadores dicen que su enfoque es ganar el campeonato de la conferencia y luego el campeonato nacional. Todo está bien, pero la verdad es que todos en el país escriben los mismos objetivos y dicen lo mismo. Enfocarse en ganar un campeonato no significa que se ganará uno. En su lugar, el enfoque debe estar en desarrollar campeones. Para construir un equipo ganador, dedica todo tu tiempo y energía en desarrollar campeones. Fomenta el liderazgo, el carácter, la ética de trabajo, la tenacidad, la creencia y la desinterés en cada persona de tu equipo. Ayúdalos a crecer como grandes líderes y personas. Enséñales cómo piensan y actúan los campeones. Cuando hagas esto, descubrirás que los campeones hacen lo correcto y realizan jugadas que, en última instancia, conducen a campeonatos. Por supuesto, no hay garantía de que ganarás un campeonato incluso cuando desarrolles campeones, pero le darás a tu equipo una mayor oportunidad y, en el proceso, crearás mejores seres humanos. Esto, creo, es el propósito del deporte: crear mejores seres humanos. Cuando desarrollas campeones, desarrollas personas que cambiarán el mundo.

El tiempo es ahora

Mike Smith

Existen tres marcos temporales en los que todos vivimos. Cada año compartía este concepto con mi equipo, porque para ser exitosos, eficientes y saludables, todos deben asegurarse de dedicar el tiempo y la energía apropiada a cada marco temporal.

El primer marco temporal es ayer, el pasado. Debemos aprender de las experiencias pasadas, ya sea con resultados positivos o negativos. Cuando usas tu pasado como una oportunidad para crecer de manera positiva, traerá beneficios en los otros dos marcos temporales. Muchas personas dedican demasiado tiempo a revivir lo que sucedió ayer y tratan de justificar lo que están haciendo ahora debido a ello. El pasado debe verse como un trampolín hacia el futuro. Todos hemos estado cerca de personas que pasan demasiado tiempo en el pasado, que no se enfocan en lo que pueden hacer ahora para crear su futuro. El juego terminó. El error ocurrió. Perdiste la cuenta de negocios. Encuentra la lección y sigue adelante. No seas amargado. Mejora.

El segundo marco temporal es mañana, el futuro. No hay nada de malo en esperar lo que vendrá, siempre que estés usando ese tiempo para mejorar y mantenerte por delante. Solo tienes que asegurarte de no fantasear con un futuro que no sucederá a menos que tomes acción para crearlo. También debes asegurarte de no pasar tiempo preocupándote por un futuro que aún no está aquí. La angustia resultante puede causar un bajo rendimiento y problemas de moral en el equipo. Demasiados equipos se preocupan por las eliminatorias cuando aún les falta la mitad de la temporada. No puedes preocuparte por el futuro. Solo tienes que tomarlo una jugada, un partido a la vez.

Esto nos lleva al tercer marco temporal, que es hoy, el presente. Algunas personas lo llaman vivir en el ahora. Jon lo llama vivir en el momento, y no sé si hay una mejor forma de describirlo. Cuando vives en el momento, te sumerges en el proceso para ser la mejor versión que puedes ser ahora mismo. Cuando tienes un equipo que está enfocado en hoy y en lo que pueden hacer para mejorar cada momento, esta serie de momentos te ayudará a crear un futuro que amas. Al mirar todos los equipos que he entrenado, los más exitosos fueron los que abrazaron el ahora y aprovecharon el momento. Tenían una visión para el futuro, pero enfocaron su energía en el presente. Dejaron ir los errores del pasado y aprendieron de ellos para tomar mejores decisiones en el presente, lo que llevó a mejores resultados en el futuro. Necesitamos utilizar los tres marcos temporales, pero debemos asegurarnos de vivir y enfocarnos solo en uno: hoy.

Busca a Murphy

Jon Gordon

Gus Bradley, el entrenador en jefe de los Jacksonville Jaguars, me contó una excelente forma en la que ayuda a su equipo a replantearse una mentalidad negativa y pasar a una positiva. En los deportes, ocurren muchas cosas negativas. Tu equipo puede estar ganando y de repente tu mariscal de campo lanza una intercepción y pierdes el juego. Puede que ganes un par de partidos seguidos y luego pierdas a uno de tus jugadores clave. Por desgracia, la Ley de Murphy entra en juego. Todo lo que pueda salir mal, saldrá mal, y en los deportes parece que siempre sucede en el peor momento posible. En lugar de permitir que sus jugadores adopten una mentalidad de víctima cuando las cosas van mal, Gus replantea la situación. Él no dice «¡Justo cuando todo iba tan bien, esto pasó!» porque sabe que eso arruinaría la moral. En su lugar, Gus le dice a su equipo que están buscando a ese tal Murphy, que es un gran tonto. No están esperando que Murphy llegue y arruine su día. En lugar de eso, van a encontrarlo, y cuando lo hagan, le van a dar una paliza. En lugar de dejar que Murphy los derrumbe, se enfocan en ser mentalmente más fuertes para enfrentarse a él. Ahora los jugadores esperan ver a Murphy, pero tienen una expectativa aún mayor de que lo derrotarán. En lugar de una mentalidad de víctima, tienen una mentalidad de héroe. Tanto las víctimas como los héroes caen, pero los héroes se levantan, armados con creencia y coraje, y convierten el desafío en victoria. Para construir un equipo ganador, necesitarás ayudar a replantear situaciones y eventos de negativos a positivos. Deberás ayudar a tu equipo a enfrentar lo que sale mal, y todos serán más fuertes cuando lo hagan.

Presión, no estrés

Jon Gordon

Otra lección que aprendí de Gus es la diferencia entre presión y estrés. Gus dijo que los líderes ejercen estrés sobre sus equipos cuando colocan expectativas sobre ellos que están más allá de su control. Concentrarse en resultados como metas, victorias, puntos, etc., crea estrés porque no puedes controlar cuántas victorias tendrás ni cuántos puntos marcarás. Decir «Debemos ganar y necesitamos ganar» solo generará estrés, lo que causa ansiedad y debilita el rendimiento. Como entrenador, nunca debes poner estrés en tu equipo. En cambio, debes aplicar presión. Gus dice que debes aplicar presión sobre las cosas que tu equipo puede controlar. Aplica presión en el esfuerzo de tu equipo, la ética de trabajo, el conocimiento del libro de jugadas, la preparación, el proceso y otras cosas que pueden controlar, como los fundamentos y el trabajo en equipo. Este es el enfoque que tomaron John Wooden y Vince Lombardi, y tu equipo rendirá mejor si sigues este camino. Como líder, debes aplicar presión, no estrés.

Compite, luego une

Mike Smith

Los mejores equipos, personal de entrenadores y grupos de liderazgo con los que me he asociado son los que estaban dispuestos a desafiarse mutuamente en reuniones, sesiones de planificación de juegos y prácticas. Todos entendían el reto y que cada acción que tomábamos estaba basada en hacer al equipo mejor. Esto significa que a veces discutíamos y peleábamos en las reuniones de entrenadores y sesiones de planificación de juegos. Una persona sentía que algo funcionaría, mientras que otra podía estar en desacuerdo y tener otras sugerencias. Entendíamos que no podíamos tomar nada de forma personal en esas reuniones. Teníamos que estar dispuestos a no estar de acuerdo para considerar todos los planes posibles y llegar al mejor. Era incómodo en ocasiones, porque en nuestra búsqueda de mejorar siempre había diferentes puntos de vista y opiniones fuertes. Estas discusiones, aunque difíciles, eran muy saludables y aseguraban que estábamos utilizando todos los talentos y conocimientos de nuestro personal. Algunos de los mejores planes de juego en los que participé fueron los que surgieron de los mayores desacuerdos y discusiones, y algunas de las mejores victorias llegaron después de reuniones en las que no todos estuvimos de acuerdo en nuestra estrategia. Pero aquí está el punto: aunque pudimos haber estado en desacuerdo, una vez que se tomó la decisión final, nos unimos y cada entrenador en esa reunión adoptó el plan y lo comunicó a los jugadores. Debes estar unificado cuando presentes los planes a los jugadores. Cuando sales de la sala de reuniones, el plan de juego de tu equipo para la semana está establecido. Todos tuvieron la oportunidad de contribuir, así que cuando salimos de la sala, todos nos hicimos responsables de él. Otro beneficio de tener esta estructura en las reuniones es que eliminas la posibilidad de dudas o críticas posteriores por parte del personal. Compites en la sala de reuniones y luego te unes cuando sales.

Competir en el campo tiene la misma importancia. Nuestro objetivo en cada práctica era competir entre nosotros para mejorarnos, pero una vez que llegaba el momento del juego, nos uníamos como un solo equipo para competir contra nuestro oponente. La competencia seguida de la unidad construye personal de entrenadores y equipos fuertes.

Habla con una sola voz enfrente de los medios

Mike Smith

En el capítulo 4, hablé sobre la importancia de comunicar tu mensaje a tu equipo. Tanto si eres entrenador principal como CEO de una gran empresa, también es muy importante comunicar y controlar tus mensajes externos. Con el ciclo de noticias 24/7 y nuestro entorno de múltiples canales, blogs y plataformas, es imposible tener solo una persona y una voz que hable por toda la organización. La NFL, la NCAA, la NBA y todas las demás ligas deportivas profesionales tienen reglas que dicen que los jugadores y entrenadores deben estar disponibles para los medios durante la temporada e incluso en diferentes momentos fuera de temporada. Aunque no puedes tener una sola voz que represente a tu organización, debes asegurarte de que todas tus voces hablen como una sola.

Hablar con una sola voz comienza con un departamento de comunicaciones que entienda completamente cómo se recopila y difunde la información y las noticias. Esto es un desarrollo continuo, no lo tomes a la ligera. Te sugiero tener un programa de capacitación en medios de comunicación para enseñar a los miembros de tu equipo cómo manejar las preguntas difíciles que les harán. También debe cubrir los peligros de las publicaciones irresponsables en Facebook, Twitter, Instagram y otras redes sociales. Todos hemos visto las consecuencias de un comentario negativo sobre el equipo en redes sociales. Cuando se trata del equipo y el lugar de trabajo, las personas se benefician de instrucciones que los animen a pensar antes de publicar. Por supuesto, los jugadores y otros empleados pueden expresar sus opiniones, pero deben ser conscientes de que, cuando hagan comentarios públicos, están representando a la organización. Un comentario improvisado puede dañar al equipo, por lo que la educación en redes sociales es crucial.

Hablar con una sola voz implica que todos en el equipo piensen en lo que dicen antes de decirlo. Cuando alguien se expresa, también debe estar preparado para asumir la responsabilidad de sus comentarios. Lo último que quieres es que la información sobre tu equipo sea atribuida a una «fuente anónima». Esta es una señal de un ambiente poco saludable en el que los individuos anteponen sus propios intereses al del equipo. También es señal de que, como líder, no has abordado un problema de manera directa, lo que presenta al equipo como dividido. Debes estar atento a estos peligros y abordarlos con tu equipo antes de que se conviertan en un problema. No quieres esperar a que se presente una crisis para empezar a comunicarte con tu equipo sobre estos temas. Para entonces ya será tarde. Debes hablar de esto antes, para poder evitar una crisis. Te recomiendo que hables con tu equipo sobre cómo comunicar como una sola voz, que diga cosas que fortalezcan al equipo en lugar de desgastarlo. Las quejas y los problemas deben tratarse en el vestuario y en las salas de reuniones, no a través de los medios. Nunca se resuelve nada en los medios y, en la mayoría de los casos, solo empeora las cosas. Dedicando recursos para educar y asistir a los miembros del equipo o de la organización de antemano se limitará la cantidad de veces que tu departamento de relaciones públicas tenga que operar en modo de control de crisis. También reducirá las probabilidades de que surja un mensaje inconsistente dentro de la organización.

La consistencia en los mensajes en la organización y la capacitación en medios de comunicación ayudarán a minimizar los problemas tanto internos como externos. Muchas voces que hablan como una sola ayudan a crear un equipo unido.

Conviértete en un aprendiz para toda la vida

Mike Smith

Debemos esforzarnos por ser aprendices de por vida. Hoy en día es más fácil que nunca. Los avances en la tecnología nos proporcionan tantas plataformas diferentes que nos presentan oportunidades para aprender de algunos de los mejores maestros y personas más exitosas del mundo. Si tienes acceso a internet, tienes acceso a un muchos materiales de aprendizaje. La oportunidad está disponible para todos y depende de ti aprovecharla. En lugar de depender únicamente de tus propias experiencias, aprovecha la oportunidad de avanzar siempre aprendiendo de las experiencias de los demás. Pero, a medida que buscas mentores en el mundo digital, no olvides la importancia de encontrar mentores en el mundo real también.

Una de las cosas que más me gusta del mundo de los entrenadores es que son muchos los aprendices de por vida. Es común que los entrenadores se llamen entre sí, se reúnan y compartan ideas y mejores prácticas. De hecho, esto es más común en los niveles profesional y universitario que en el nivel secundario. Creo que todo entrenador, en cualquier nivel, debe buscar otros líderes de los cuales aprender. Es una práctica que beneficiaría enormemente a las empresas y a las escuelas también. ¿Te imaginas cómo crecería tu empresa si un gerente de ventas se reuniera con varios gerentes de ventas de otras compañías o divisiones y compartieran mejores prácticas?

Tuve la oportunidad de estar cerca de algunos de los líderes más exitosos en los negocios y el deporte, y trato de aprender todo lo que puedo. Cuando tengas la oportunidad de estar cerca de maestros, expertos y otras personas en tu profesión, actúa como una esponja y absorbe toda la sabiduría posible. Tómate el tiempo de leer sobre los líderes exitosos y lo que tienen que decir sobre el arte del liderazgo. Incluso si nunca has tenido la oportunidad de sentarte a hablar con un gran líder como el entrenador John Wooden, puedes aprender de él leyendo sobre sus teorías de capacitación y liderazgo. Busca sabiduría y te sorprenderá cómo te obliga a usar tu poder mental de maneras que no pensabas que fueran posibles. Desafíate a ti mismo y no dejes que pase un solo día sin aprender algo nuevo. El minuto en que creas que lo sabes todo es el momento en que dejas de crecer y mejorar.

Deja tu legado

Mike Smith

Los entrenadores que tuve influyeron en mí más que nadie, a excepción de mis padres. Puedo decirte el nombre de cada entrenador que tuve, en cada deporte que practiqué, desde la liga infantil y el baloncesto recreativo, hasta el último entrenador para el que jugué como miembro de los Winnipeg Blue Bombers. Desde el entrenador George Russell hasta el entrenador Ray Jauch, aún recuerdo con cariño las diferentes lecciones que aprendí y experimenté jugando al fútbol, baloncesto y béisbol cuando era un niño. Estos entrenadores dejaron una impresión en mí que ha durado toda mi vida. Aún recuerdo con claridad sus estilos de entrenamiento y cómo encontraban la manera de reunir a un grupo de chicos para trabajar hacia un objetivo común. No siempre ganábamos, pero aprendimos muchas lecciones valiosas sobre trabajo en equipo, deportividad, liderazgo y humildad; y lo más importante, aprendimos que se trata más del viaje y la preparación para la vida que del juego que jugábamos.

Si eres entrenador, por favor nunca olvides lo mucho que influyes en las personas con las que te encuentras. Aunque no seas un entrenador deportivo, todos podemos ser un entrenador e influir positivamente en las personas que nos rodean. Todos podemos dejar un legado por la forma en que lideramos y el impacto que tenemos en los demás. Cuando entrenas a otros y construyes un equipo ganador, construyes ganadores para toda la vida. Ninguna estatua, ningún edificio ni carretera con tu nombre puede compararse con el legado que dejas en la vida de los demás.

Plan de acción

*Utiliza las 7 «C» para construir
un equipo ganador*

1. Crea tu cultura

- Desarrolla tu cultura en todos los niveles, desde la sala de juntas hasta el vestuario.

- Involucra y anima a todos los miembros de tu organización a participar.

- Comunica tu visión, propósito y creencias con claridad y asegúrate de que tus acciones se alineen con ellos.

- Identifica y mantente firme en tus valores, lo que facilitará la toma de decisiones.

- Construye, vive, valora, refuerza y protege tu cultura.

2. Sé positivamente contagioso

- Elige difundir positividad en lugar de negatividad.

- Crea y comparte una visión, misión y propósito sólidos con tu equipo. Si es posible, créalos junto a ellos para aumentar el compromiso.

- Contagia positividad y optimismo. El liderazgo implica transferir creencias y actitudes.

- Completa tu equipo con miembros positivos para aumentar la producción, el trabajo en equipo y la confianza.

- Aborda la negatividad confrontándola y transformándola, e implementa una regla de «No quejarse».

- Lidera con una pasión que todos puedan ver y sentir.

3. Sé consistente

- Mantén tus principios de liderazgo tanto en los momentos exitosos como en los desafiantes.

- Sé consistente por mejorar y crecer.

- Combate el exceso de confianza, deja atrás los éxitos pasados y crea un nuevo comienzo cada año.

- Identifica señales de exceso de confianza y no permitas que tu equipo se acomode en los éxitos del pasado.

- Enfócate en la mejora continua.

- Mantente humilde y ambicioso.

4. Comunica

- Comunícate con frecuencia con el equipo, tanto en conjunto como por separado.

- Evita vacíos de comunicación que puedan llevar a la negatividad.

- Escucha activamente a tu equipo, fomenta relaciones y confianza, y obtén nuevas ideas.

- Toma la temperatura de tu equipo y del ambiente en tu entorno. Camina, haz preguntas, escucha y observa. Así recopilarás información clave que te ayudará a guiar a tu equipo en una dirección positiva.

- Reitera mensajes importantes consistentemente para asegurar su comprensión.

- Asegúrate de que todos los líderes compartan y modelen los mismos mensajes.

- Usa voces externas para reforzar mensajes.

- Maneja la ocupación y el estrés para prevenir rupturas en la comunicación.

- Crea una estructura de comunicación que promueva la colaboración.

5. Conecta

- Entiende la importancia de un equipo conectado; el trabajo en equipo supera al talento solo.

- Recuerda que las estrategias y tácticas están sobrevaloradas. Dedica tiempo a desacelerar y conectar con los miembros de tu equipo. A la larga, la cultura y las relaciones son lo que realmente generan éxito.

- Fomenta conexiones significativas más allá de la tecnología, pero usa la tecnología para apoyar la comunicación.

- Fomenta relaciones fuertes para que los miembros del equipo trabajen unos para otros, no solo juntos.

- Usa ejercicios de construcción de equipo para compartir historias y convertir la vulnerabilidad en fortaleza.

- Conéctate personalmente con los miembros del equipo, tanto dentro como fuera del trabajo.

- Nutre continuamente las relaciones para mantener conexiones fuertes.

6. Comprométete

- Para ser un gran líder, entrenador y miembro del equipo, no basta con estar involucrado, debes estar comprometido. Tu equipo necesitar sentir que estás comprometido con ellos antes de que ellos se comprometan contigo.

- Tu compromiso debe superar al de todos los demás en la organización.

- Lidera de tal manera que las personas sientan tu compromiso.

- Demuestra compromiso a través de tus acciones.

- Dedica tiempo a mejorar tu equipo, ya que esto también te mejora a ti.

- Busca oportunidades para ayudar a tu equipo y que sean tu prioridad.

- Asume la responsabilidad de los problemas en lugar de culpar a otros.

7. Cuida

- Fomenta una cultura de cuidado, ya que lleva a un mayor rendimiento.

- Valora a cada miembro como individuo.

- Sé un líder transformacional que se preocupa profundamente.

- Muestra un interés genuino en las funciones de tu equipo y ayúdalos a crecer.

- Rodéate de personas que se preocupen.

- Construye un equipo que se preocupe el uno por el otro.

- Comparte tu marca personal de cuidado.

La gran «C»

- Los líderes también deben capacitar a los miembros de su equipo.

- Enfócate en desarrollar más líderes a través de las capacitaciones.

- Pide a los miembros del equipo que compartan su visión y objetivos, luego ayúdalos a lograrlos.

La otra gran «C»

- Comprende que no puedes formar un equipo exitoso sin carácter.

- Construye un equipo con carácter y talento.

- Desarrolla continuamente el carácter de tu equipo.

Implementa las 7 «C» para mejorar tu cultura

Visita www.wininthelockerroom.com para:

- Imprimir carteles con citas memorables del libro.
- Compartir principios prácticos de *Primero ganas en el vestuario* con tu organización y equipo.
- Descubrir cómo otros equipos utilizan las 7 «C».

Construye un equipo ganador

Si deseas que Jon Gordon o Mike Smith hablen con tu organización o asesoren a tu equipo de liderazgo, contacta a The Jon Gordon Companies de la siguiente manera:

- **Teléfono:** (904) 285-6842
- **Correo electrónico:** info@jongordon.com
- **En línea:** JonGordon.com
- **Twitter:** @jongordon11
- **Facebook:** Facebook.com/JonGordonpage
- **Instagram:** JonGordon11

Suscríbete al boletín semanal de Jon Gordon en JonGordon .com.

Para comprar copias al por mayor de *Primero ganas en el vestuario* con descuento para grupos grandes o tu organización, comunícate con tu librería favorita o al grupo de Ventas Especiales de Wiley en:

- **Correo electrónico:** specialsales@wiley.com
- **Teléfono:** (800) 762-2974

LIBROS EN ESPAÑOL DE
JON
GORDON

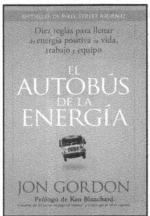

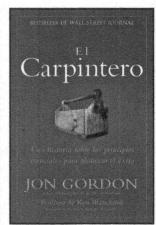